０６’６月札幌　YOSAKOIソーラン祭り

撮影　村田　斎

▲大通り公園中央会場スタンドは満員の３千人の観客で埋まった。

▲ＴＯＳＳ体育教師チーム登場。教材用ソーラン「ＳＡＭＵＲＡＩ」を見事に踊りきった。

▼祭りの最終日は晴天に恵まれ，大通り公園は人，人，人で埋め尽くされた。

▼最後まで見事に踊りきった安堵感，そして充実感に浸る教師チームの面々。

▲決まった！迫真の演舞（P. 92）

▲修学旅行でもよさこいソーラン（P. 89）

▼一年生も二年生もみんな真剣（P. 80）

▼運動会でよさこいソーラン（P. 61）

▼全校生徒千人で踊る（P. 88）

▲本番に向けて練習中（P. 71）

▲皆で作った大漁旗！（P. 109）

▲個別評定の場面（P. 79）

▼運動会で新しい踊りにチャレンジします（P. 70）

▼体の小ささを感じさせないダイナミックな踊り（P. 66）

▼かけ声に合わせダンス！（P. 81）

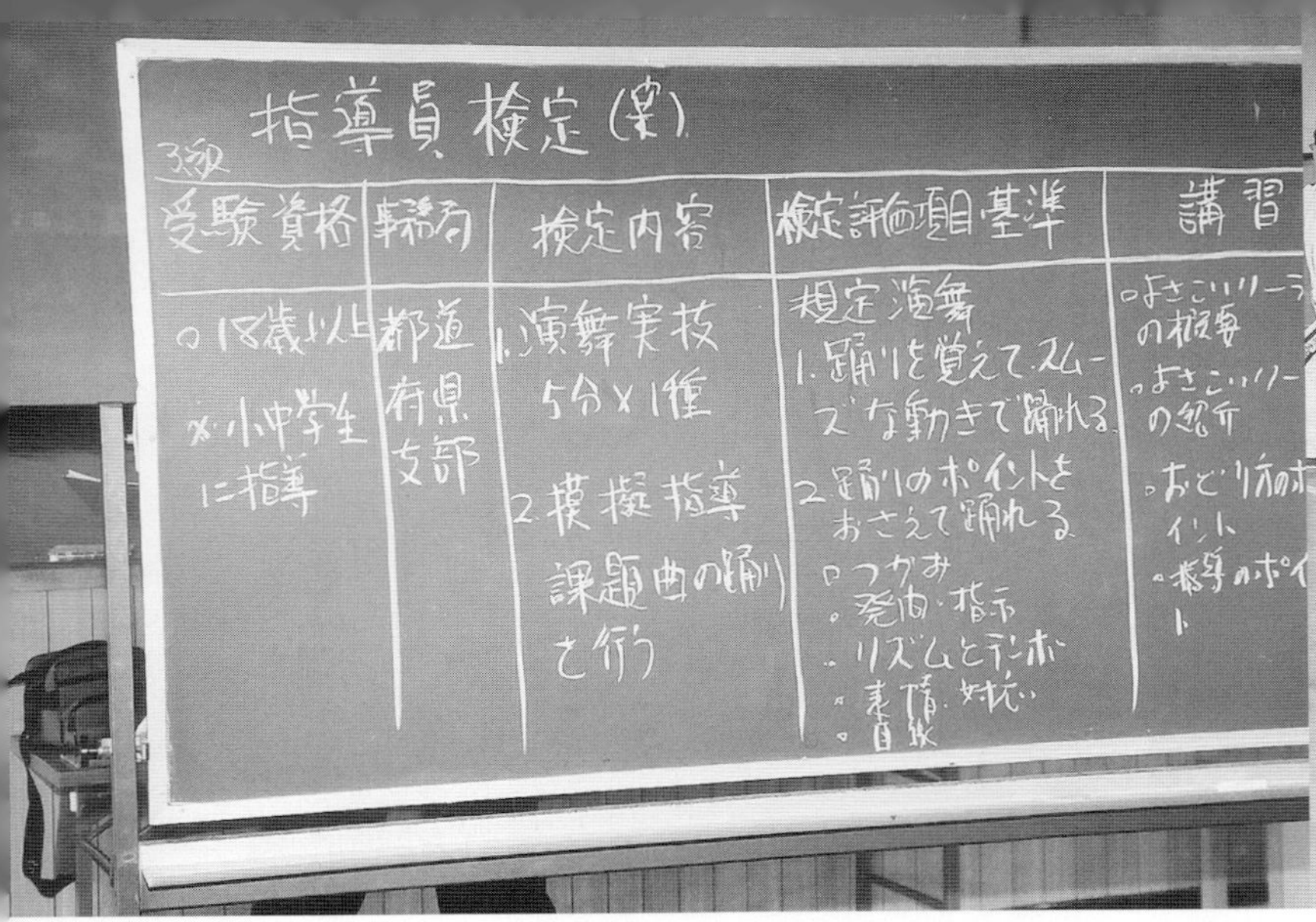

▲TOSS体育よさこいソーランセミナーで，根本正雄氏が「指導者検定システム」を提案。

▲振り付け担当の宮野氏の指導で練習。

▲発表に向けて練習するセミナー参加者。

▼演技開始！舞台に立ったら自分のことしか見えなくなります！

▼会場に力強い声が響き渡る。

▼２つのパートを正確に踊ることで見事なハーモニーが生まれる。

YOSAKOIソーランの教え方

指導者用テキスト

YOSAKOIソーラン祭り組織委員会

TOSS体育よさこいソーラン研究会編著

■TOSS体育授業研究会代表
根本正雄

本書は、新教材DVDとセットに作成されている。これからよさこいソーランを踊ろうとする方が、自分一人で学べる内容になっている。DVDの良さは画像でイメージをつくることができることである。よさこいソーランの全体の流れを理解することができる。

しかし、振り付けを身に付けようとしたときにはDVDだけでは難しい。踊りのポイント、踊りの手順が文字や写真で記録されているとわかりやすい。

巻末にはTOSS体育学校づくり事務局一覧が収録されている。本書をお読みになって、よさこいソーランに取り組んでみたいと思われる方は、近くの事務局に連絡してほしい。よさこいソーランの情報や取り組みについて相談にのってくれる。

DVDと併せて本書を活用して、短時間で踊りをマスターし、子どもが生きる楽しさ、喜びを体験できるようにしていってほしい。

YOSAKOIソーランの教え方・指導者用テキスト

グラビア

06年札幌YOSAKOIソーラン祭り 1
全国各地のよさこいソーラン実践風アラカルト 2
TOSSよさこいソーラン研究会の検定風景 4

メッセージ対談

子どもが変わる伝統文化を継承する 10
YOSAKOI創始者長谷川岳
TOSS代表向山洋一

よさこいソーラン入門Q&A 割石隆浩 14

踊りの由来どれくらい練習時間が必要？ 用意する物は？ 経費は？ 振付の基礎、音楽は何がいいの？ 子どもに何かよい変化があるの？ などの疑問・質問に答える

■よさこいソーラン入門にあたってのQ&A
■よさこいソーランの疑問に答えて
■よさこいソーラン物識りコラム

よさこいソーランのすごさ発見の授業 26

YOSAKOIソーラン長谷川岳物語 高橋 真 26
創始者長谷川岳氏の歩みを授業しよう！子どもに士気と感動を与えるストーリー紹介

街は舞台だ！よさこいソーラン祭り15年の歩み 渡辺喜男 30
運動会などでよさこいソーランを踊る前に授業するようまとめた1時間の授業構成

写真で早わかり どの子も楽しく踊れるまで

■これが新教材用ソーラン
「SAMURAI」踊り構成だ 宮野正樹 34

振付＝漁師の踊り・波の踊り　SAMURAー前奏・間奏拍子　エンディング

▼カモメ

■新教材用ソーラン「SAMURAI」を運動会へ向けてこう指導する　宮野正樹　46
10時間分の指導計画　指導方法のポイント教師用の師範パーツ　子ども用の模範パーツ子ども同士見合うパーツ

演舞の準備・基礎基本と応用　高橋真　50
大道具・小道具づくりのヒント　古いYシャツで法被を作る　鳴子をどうするか　大漁旗の作り方手順

指導場面別マニュアル

運動会でよさこいソーラン　森本雄一郎　54
企画書作りから後片付けまで企画書の実例、保護者へのアピール　YOSAKOIソーランだよりの実例等

体育授業でよさこいソーラン
幼稚園・保育所での実践　太田健二　58
集中力のあるからだづくり　まねる力

体育授業でよさこいソーラン・小学校　山口浩彦　62
子どもをどう指導するのか・スモールステップ・個別評定の方法など紹介

体育授業でよさこいソーラン・中学校　佐久間大輔　66
小さい子が一番うまい！逆転が起こった　沖縄でTOSSよさこいソーラン指導はこうして実現した！「ハっ」リレー「ハイ、ハイ」リレー「どっこいしょ」リレー教師がDVDを見ながら踊るが決め手だ！

学級イベント＝卒業旅行でよさこいソーランを踊る
短い時間で踊りを完成させるヒント　加藤真一　70

サークル活動で地域に広げるお祭りの輪
公民館・地域のお祭りで実行するためのノウハウ　臼井俊男　74

地域イベントでよさこいソーラン
練習時間3時間のキッズソーランダンスに取り組んだ子どもたちのイキイキした姿！　塩苅有紀　78

新教材用ソーラン「SAMURAI」　宮野正樹　82
■DVDを見ながら踊りの基本を手に入れよう！細かい動きづくりの留意点など懇切丁寧にポイントを解説する

よさこいソーランの生徒組織づくり
体育祭・修学旅行で踊るなど多彩な活動の実績を写真入りでレポート　酒井一好　86

各地でよさこいソーラン　91
【北海道】地域も保護者もひとつになれる「よさこいソーラン」（加藤悦雄）【北海道】ＴＯＳＳ体育よさこいソーランＤＶＤの威力（池田潤）【山形県】心をひとつに動きをひとつによさこいソーラン（堀健一）【神奈川県】一年生でも踊れた！感動のよさこいソーラン（井坂広輝）【埼玉県】やる者も見る者も魂を揺さぶられる、ＴＯＳＳよさこいソーラン（長谷川博之）【茨城県】自虐的行動をするA男が変わった！（桑原和彦）【栃木県】引き継がれていく鳴子が、新しい伝統をつくりあげる（松崎力）【大阪府】「ソーラン」を学校、地域に根付かせる（鮫島秀己）【兵庫県】よさこいソーランで本気を学ぶ！　本気が伝わる（西岡正樹）【鳥取県】学校公開の最高の出し物（谷岡眞史）【広島県】ＤＶＤがあれば、よさこいソーランの指導は誰でもすぐにできる（高橋恒久）【岡山県】子どもの心をとらえ離さない踊りだ！（三宅孝明）【愛媛県】運動会の流れが変わった！（信藤明秀）【福岡県】近県の方々、ご連絡待っています！（八和田清秀）

よさこいソーランイラストページ

よさこいソーランすぐ使えるコピーページ

YOSAKOIソーランの教え方・指導者用テキスト

☆カバーデザイン　㈲ゴング　下畑剛／トムスペース　くわばら

子どもが変わる・伝統文化を継承する

向山洋一　長谷川岳　メッセージ対談

「街は舞台だ。日本は変わる」に込められた思い

長谷川　札幌はすごく大きな町です。私はもともと愛知県の春日井市です。春日井市は三十万人の町で、そこで小学校、中学校、高校と育ちました。

三十万人ぐらいというのは、少し何か目立てば、あるいは町のお祭りに出れば、仲間ができて町の主役になり得るような規模なのです。ところが一八〇万人の札幌というのは、非常にそういう部分が難しく、自分と街という部分がつながらないということを、特に大学一年生のときに感じました。ところが、よさこいソーランで何百社という協賛を回っているうちに、この街を、映画館でもない、劇場でもない、自分の街を舞台にするという仕掛けを今やっているのだという実感を二〇〇社ぐらい回ったときに感じ始めました。やはり、自分の街をどこまで舞台にできるかということを感じたということが一つあります。

それからちょうどたまたまその時期に、作家の井上ひさしさんとある雑誌で対談する機会がありました。そのときに井上さんから、見たこともないよさこいソーラン祭りを、すぱっと当てられました。「つまり、長谷川さんがたがやっていらっしゃるのは、自分たちがここが世界の中心だと思える装置づくりを、あなたの街でやっているのですね」と言われたのです。つまり、ここが世界の中心だと思える装置を自分の住んでいる街につくれるかどうかという意味で「街は舞台だ。日本は変わる」というキャッチフレーズで、今でも変わらないということになっています。

司会　樋口　向山先生、今のフレーズについてはどうでしょう。

「街は舞台だ！」と「お座敷が舞台だ！」と

向山　踊り、民謡の踊りというのは大きく二つの流れに分かれていきます。一つはいわば「街が舞台だ」という踊りです。もう一つは「お座敷が舞台だ」という形になっていくのです。残っていくのはみんな座敷なのです。座敷で踊られる踊りに全部なっていく。例えばかっぽれは江戸芸で、座敷でやられていますけれど、もともとは町でした。お江戸八百八町、どの町にも全部かっぽれの連があった。その最初の人が豊年斎梅坊主、当時もア

メリカ公演をしています。

ちなみに私の父は豊年斎梅坊主の三代目の弟子です。相当すごいのですが、かっぽれを一升マスの上で踊れます。たぶん日本中で今、だれもいないと思います。くるりと踊れます。私の父親はたぶん優秀な印刷職人で、二十歳で銀座にある工場長になりました。当時の東大卒の初任給の二十倍取っていたといいます。お金があるから遊びに行きます。お江戸ですので、芸事もやります。かっぽれも習います。ついでに、職人ですから、父親はお金をいただいて座敷で芸人を始めました。赤坂や柳橋で。ですから私の父親は昼も夜も稼いでいた。私は技術者の部分と遊び人の部分と両方を継いでいるのです。もう一度言いますが、三代目梅坊主の弟子でした。今、かっぽれを受け継いでいるのは、櫻川ぴん助さんで豊年斎梅坊主の五代目です。櫻川ぴん助さんのお父さんが四代目ですから、現在のぴん助さんのお父さんと私の父が兄弟弟子で、多分高弟同士だったろうと思います。

私たちは阿波踊り、そしてかっぽれ、よさこいソーランを学校で踊る中で進めていきます。櫻川ぴん助さんと何度もお話をしたりしてやっています。櫻川ぴん助さんはこういう表現を使います。「かっぽれはもともと地べたから生まれたのだ」と。地べたから生まれた踊りが基本なのだと。ですから、ぴん助さんはお正月に一回、浅草の浅草寺の隣に神社がありますが、浅草の祭りは神社の方の祭りなのです。そこにちゃんと毎月行って踊りを奉納します。今でもお続けになっていると。そういう点で、地べたから生まれたのだと。どこに踊りの違いがあるかというと、地べたから生まれた踊りは全部迫力があるのです。

阿波踊りというのは、座敷でもしますが、その踊りと、今踊っている踊り、あれは中間ぐらいです。もともと昔あった踊りというのは、もっと激しいのです。提灯をもって、ダダダダっと端まで行くほどの激しい踊りです。阿波踊りは、踊りそのものが百姓一揆の準備に使われたときもあるぐらいですから、そういう激しさも内にたたえている要素があります。

ですから、踊りには舞台系と街系と二つあり、街系はそのダイナミックさ、力強さが生命線なのだと。多少の混乱などどうでもいいと。繊細に先まで全部細かくやるのは、座敷芸です。それはそれとして、家元などがあるのでしょうけれど、学校ではそちらを教えるのではない。街から生まれるダイナミックさを、生命力の強さのようなものを指導しているのだと思います。

起業して進化させて継続するシステムづくり

司会　樋口　ありがとうございました。今、お二人の関心が強いと思うのは、起業して事を起こし、それを進化させて、継続すること。長谷川さんはまだお若いからあまり考えていないのかなと思いますけれど。

向山　二十年前、江部さん・樋口さんと教育技術の法則化運動というのをつくりました。一つの教育の文化です。大変大きく広がりました。これをそのあとまで残していくことが必要です。まず起業する上で、授業でも会社でも同じですけれど、一つ目に、大きな夢を描いたり希望を描いたり、これをやりたいという強大な精神が必要です。

二番目には仕組みをつくって計画を立てるということが絶対に必要です。最後の三つ目には、どんなことがあってもやり遂げていくという鉄の意志、前進していく機関車みたいな人間がその中にいなくてはいけません。何人いればいいかというと一人いればいいのです。一人いればできるのです。自分がなればやっていけます。その三つがあれば、どんな事柄だってやっていけると思っています。

そして起業しある程度の大きさになっていく。そのとき今度はそれを安定的に一つの文化として次世代へ残していく。長谷川さんと最初に話したとき、そのことについて話して、とても共通する考えだったので、びっくりしました。長く続けていくということでは、日本という文化はとてもいいのです。

例えば中国は王朝が滅びると九族まで殺してしまいます。九親等までです。日本では六親等まで親戚ですから、その先まで殺し尽くしてしまうのです。ですから、文化などは残りません。長い伝統などあり得ません。書物では残っているけれど、綿々と続いている今のような文化はほとんどないのです。

ところが日本の場合は、お茶を考えてみた、踊りを考えてみた、お花を考えてみた、歌舞伎を考えてみた、能などはもっと古い。千年とか、四百年、五百年、そういった形で代が継がれていくシステムというのは何らかの良さがあるのです。一つは世襲制度があり、一つは師匠と弟子との関係があったりします。

私が教育の世界で、向山一門というものをつくったのはそのせいなのですけれど、科学だけでは伝えていけない要素があると。伴一門でも何でもいいのですけれど、そういった形を教育の世界でつくれるのは、当分の間向山ぐらいしかいないかな、と思ったのです。当分というのは二、三百年のスパンと考えてみても。だから今のうちにつくっておこうかなと思いました。つくりさえすれば代替わりをしていけると思ったのです。

それとは別個に技量検定という、もっとオープンな形で、だれが見ても納得できる、これがＴＯＳＳ技量検定です。これはＴＯＳＳの技量検定であって、私がいろいろなかたたちとお話をしています。例えば学大の学長が来たり、千葉大学の教養学部長の明石先生が来たりします。そうすると千葉大方式があってもいい、学大方式があってもいい、東京都教育委員会方式があっても、そしてその技量検定ということをやれる人間がつくり上げていけば、いいものが必ず残っていきます。

この前、国土交通省の都市づくりのかたがたに話をしたら、「うちのグループこそそういうものが必要だ」と。みんな東大の工学部を出た本当に頭のいいかたたちです

けれど、それでもやって何年もたてば、十年も二十年もたてばダメになっていく。そういったことをちゃんとするのが必要だと話していました。いろいろな余波を与えています。

技量を検定する力とは

そのときに、技術者の彼らが一番心に残ったのは、TOSS技量検定では判定する側は、自分、判定者が代案を示してやらなければいけないということなのです。普通の研究者では判定はできません。あるいは校長先生でも無理です。そもそも授業の下手な校長先生に判定はされたくないというのが率直な意見だろうと思います。でたらめを判定しますから。やる以上は代案を示して、自分がやって示す。だからこそ納得するのだと。それがTOSSの技量検定です。

その外側にインターネットランド、科学の世界があります。これはみんな平等で、批判をしたりする科学の世界です。ですから、科学の世界があってそうでない世界がある。技量検定は一つのグループの中です。一門は弟子はもう少し違います。それらも全部、長く伝えられていくと。

今私たちはインターネットランドという無料のサイトを作っています。それは百年二百年あとの、私たちの後輩たちが世界中で教えるという行為で食べていくために、ユダヤ民族にタルムールがあるように、日本の民族の中にはインターネットランドがある、無料で公開されている。何も教師としての仕事だけではなく、技術者としてのさまざまなことがあると。

だから、インターネットランドを、私は三百年、五百年、千年は残したいのです。タルムールは二千年を超えています。

そう考えると、日本の中で千年を超えたというのは天皇制なのです、天皇制を一つのシステムと考えて、二千年を超えたという話をしたら、長谷川さんはまったく同じことを考えておられました。私は生まれて初めてでした。

つまり、天皇制を天皇という役割として見る人は山ほどいます。そうではない、千年、二千年も続いていくシステムとしてとらえるという考え方。ですから、千年二千年続いていくシステムというのは、まさに人類の英知がそこに全部込められているわけです。先ほどちょっと言いましたように、事を起こすために必要なこと、それを文化という形でつくり上げて残していくということと別個の発想をしなければいけない。

でも、何かやっていくためには日本にはそのお手本がたくさんあるのだと。そういった目で見てみると、皆さんはたくさん習ったでしょう。踊りを習った人もいると思うし、いろいろな形で習った人たちがいると思います。民謡でも何でもそうです。そういった中には残していくための知恵がたくさん凝縮されているのです。そこから学び、そしてそれを自分たちの中に適用していくということをしていけばいいと思うのです。

よさこいソーラン入門Q&A

よさこいソーラン入門にあたってのQ&A

北海道札幌市立新琴似緑小学校
割石隆浩

Q　よさこいソーランって何？

南中ソーラン＝よさこいソーランではない。

日本全国の小学校運動会で評判になっているよさこいソーラン。ドラマ金八先生でとりあげられたこともある稚内南中ソーラン・通称南中ソーランと混同している場合が多いが、南中ソーランで使用している踊りと曲がよさこいソーランの曲と踊りというわけではない。

今から十五年前に、高知のよさこい祭りを見て感動した一人の大学生（長谷川岳氏）が、自分の住んでいる札幌でも同じような祭りを開催したいと、仲間を誘って企画を考え開催したのがＹＯＳＡＫＯＩソーラン祭りだ。

第一回は、参加チーム十チーム・参加者数が一〇〇〇人であった。たった十五年の間に札幌雪祭りと肩を並べるほどの祭りに成長し、二〇〇五年の第十四回ＹＯＳＡＫＯＩソーラン祭りでは参加チームが三三四、参加者数が四万三〇〇〇人、観客動員数は二一四万人を数えた。

よさこいソーランの踊りのルールは、二点だけだ。ひとつは、鳴子を持って踊ること。もうひとつは、ソーラン節のフレーズが必ずどこかに入っていることだけだ。この二点を守れば、踊りも曲もそれぞれのチームで好きなように創作していいのだ。

よさこいソーランには、決まった踊りも決まった曲もないのだ。

Q　どのくらいの練習時間が必要？

運動会の練習に、踊りを覚えるだけで十時間以上はかけられない。

小学校の場合、よさこいソーランに取り組むのはほとんどが運動会・学芸会等の行事であろう。運動会の一種目の練習に十時間以上もかけていいわけがない。

よさこいソーランには、決まった踊りも決まった曲もない。いろいろな曲があるし、さまざまな踊りがある。指導する教師が踊りを創作し、児童生徒に教えることもある。したがって、練習時間は、踊りのレベルで違ってくる。もちろん指導の仕方によっても違ってくる。

踊りは、ＹＯＳＡＫＯＩソーラン事務局からビデオ・ＤＶＤとして出版されている教材用ソーラン等、さまざまな形態がある。自分が教える子どもの実態に合わせて、踊りのレベルを選択することが必要だ。

練習時間で次の三つのコースにわけてみた。それぞれのコースで、効果的に練習を進めるワンポイントアドバイスを書いてみた。

【お試しコース】

練習時間が一、二時間と限られている場合。

一番手っ取り早いのは、テンポのいい曲を選択し踊ることだ。曲のテンポがよければ少々踊りがずれていても目立たない。

YOSAKOIソーラン事務局から出版されている教材用ソーランビデオ・DVDを購入し、児童・生徒と一緒に視聴しながら踊りを踊るとよい。

踊りの習熟時間の無さを補うためには、「どっこいしょ」等のかけ声を掛け合って雰囲気を盛り上げることが大事だ。もちろん、児童・生徒が声を出す前に、指導者が率先して声を出して盛り上げていくことが大事だ。声を出すことで「楽しい！　面白い」といった雰囲気作りができる。

【一通りコース】

練習時間を四、五時間ほどかけて、踊りを一通り覚える場合。

一通り踊りを覚えるのにも、指導用のビデオやDVDを購入し有効に活用した方がよい。指導者が踊りを覚えるのにも、児童・生徒に指導するのにも活用すれば時間短縮につながる。

まずは、指導者が踊ってみて踊りを覚える。そして、踊りの中で、難しい一部分を簡単な踊りに差し替えるなどすれば練習時間も軽減できる。

また、指導場面では、指導者が自らモデルをしながら指導してはいけない。指導者が踊りながら指導していては、必ず児童・生徒の中に聞いていない子がうまれる。モデル用の指導者を別につくるか、指導用のビデオ・DVDをプロジェクターで投影し指導するかのどちらかにした方がよい。

踊りの各パーツに完璧を求めず、七、八割できたら次のパーツに進むことも大事だ。完璧を求めると、子どもたちもつらくなる。指導者も大変になる。

「何度も踊っているうちに覚える！」と、子どもを励ますことも重要だ。

【本格コース】

練習時間を、六時間以上かけてみっちりと踊りを習熟させる場合。

効果が上がらない指導を何度繰り返しても子どもの踊りは変わらない。指導者が、子ども全体に向かって、「手の位置が、少しずれています。足の向きは……」などと一斉指導しても、聞いている個々の子のほとんどは自分のことだとは思っていない。他人事なのだ。

それよりも、どの子の動きがよくてどの子の動きがよくないのか、一人一人を個別に評定すると子どもの動きが変わる。自分の踊りが、合格なのか合格ではないのかがわかれば、個々の子の意識も変わってくる。

練習時間を短くして効果的な練習をするために、一番重要なのはもちろん指導方法だ。向山洋一氏の阿波踊り指導法を、氏の著書から是非学んでほしい。インターネットから学ぶ方法もある。インターネットランド（http://www.tos-land.net）を検索する。そして、キーワード検索に「阿波踊り」と入力し検索する。向山氏の実践を追試した、追試実践が多数掲載されている。

練習時間が多ければ、踊りが上手になるという考えは間違いだ。

Q　用意する物は？

【基礎基本】


第一は鳴子だ。

鳴子がなければよさこいソーランではない。鳴子を持って踊るのは、よさこいソーランの基本ルールのひとつだ。とは言っても、用意できない場合も学校事情によってはあるだろう。

ペットボトルの中に砂などを入れて鳴子の代用品として使うことも考えられる。最近では、教材用として格安で販売している場合も多いので学校出入りの教材業者に問い合わせてみるとよい。また、大手の百円均一ショップでも販売している。店舗にない場合にも相談すれば取り寄せてくれる。

第二は、踊りがイメージできるビデオ・ＤＶＤだ。ＹＯＳＡＫＯＩソーラン祭りがどんなものかをイメージするには、まずはビデオかＤＶＤで視聴することをすすめる。もちろん、教師だけでなく、児童・生徒にもまずどんなものかを視聴させるのはとても効果がある。

ＹＯＳＡＫＯＩソーラン事務局（＊http://www.yosanet.com）では、ネット上で教材用ソーラン踊りのレッスンビデオ・ＤＶＤやＹＯＳＡＫＯＩソーラン祭りの内容をダイジェストにしたものを販売している。是非購入して視聴することをすすめる。

第三は、完成した踊りを踊り手の後ろから撮影し、ビデオ・ＤＶＤに録画することだ。

正面から撮影したビデオ・ＤＶＤは、ちょうど鏡で見るような状態になり、左右の手足が逆になるので、とてもわかりづらい。

最近は、パソコン上で左右を逆に編集もできるが、左右を逆にしたとしても、正面から撮影したビデオ・ＤＶＤはわかりづらい。

細かな動きを指導した後には、後ろから撮影したビデオ・ＤＶＤに合わせて踊らせた方が、踊り手である児童・生徒は踊りやすいし、わかりやすいのだ。休み時間や放課後に児童・生徒が自主練習するときにも、後ろから撮影したものの方が、左右の手足の混乱がなく覚えやすい。ビデオ・ＤＶＤがあれば、教師が指示をしなくても休み時間等に練習をするようになる。

後ろから撮影したビデオ・ＤＶＤと投影するプロジェクターを練習にも用意しておけば、踊りを習熟する場面で何度でも繰り返しが可能なのでとても便利である。

パソコンに堪能であれば、ビデオ・ＤＶＤに指導ポイントなどをテロップとして入れておくと効果がさらにあがる。

第四は、踊りを各パーツに分け、それぞれのパーツごとに名前をつけておくことだ。踊っている最中も、「並の踊り」と言えば児童・生徒がどんな踊りかイメージできるようにしておくと覚えが早い。

また、それぞれのパーツをイラストや写真にして、児童・生徒がいつも目につくところ（例えば、教師の掲示板）に掲示しておくと、児童生徒が、休み時間・放課後にそれを見て自主練習をすることも可能だ。

【プロ並み】

かっこいい衣装をそろえる。

踊りがかっこいい！　衣装もかっこいい！　かっこいい姿に子どもは憧れる！

そろいの法被を着てメイクを決めれば子どもたちの踊りへの意欲も違ってくる。踊りでも衣装でもかっこいい姿に子どもは憧れる。小学校高学年以上であれば、家庭科の時間を活用してそろいの法被を制作することも可能だ。不織布を使った格安の教材用の法被も教材会社で販売している。メイクは保護者の協力を得てもいいし、最近では百円均一ショップで、祭り用簡単メイクセットが売られているので、それを活用してもよい。踊りがかっこいいことも重要だが、やはりビジュアルも大事だ！

自作の法被で，祭りに参加

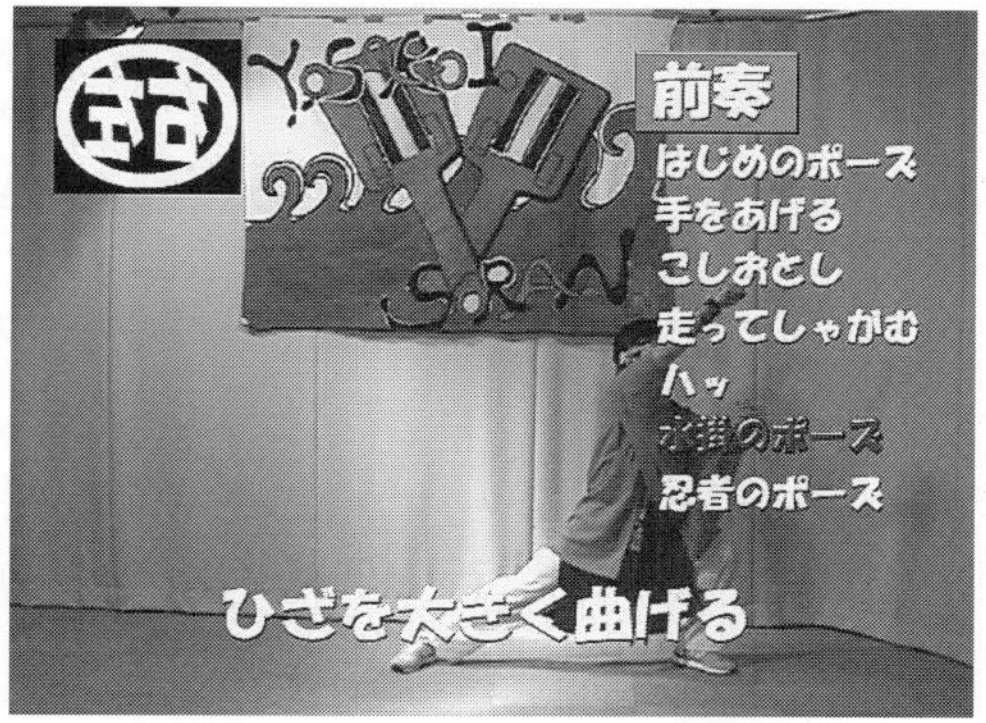

パソコンで，練習用ビデオを編集する

Ｑ　経費はどのくらいかかるの？

紹介してきたグッズは、どれも高価なものではない。また、代用品を制作しようと思えば制作することが可能だ。ビデオ・ＤＶＤの購入は、ＹＯＳＡＫＯＩソーラン事務局や販売会社と相談すれば公費での購入が可能だ。

よさこいソーラン入門Q＆A
よさこいソーランの疑問に答えて

ＴＯＳＳ体育よさこいソーラン研究会
割石隆浩

Q　振り付けの基礎は？

「決めポーズ」と「かけ声」を決めることだ。

「決めポーズ」とは、踊っている中で一番盛り上がるポーズ、力を入れているポーズ、魅せるポーズ、ばしっとカッコよく見得を切るポーズのことだ。

例えば、ジャンプをして両手両足を大の字に開くポーズ。

そして
「ハッ」

とかけ声をかけての「決めポーズ」。

「決めポーズ」には、かけ声をかけると踊りが一層引き締まる。

よさこいソーランの中ではかけ声というのが重要なポイントである。腹の底から大きなかけ声を出すことによって、踊り手である子どもたちのテンションがあがってくる。さらに、かけ声で呼吸を合わせせられるので踊りもそろってくるのだ。

「どっこいしょ」

「セイヤー」

「ソーラン　ソーラン」

「ハー　ワッショイ」等

かけ声にはさまざまなパターンがある。

「決めポーズ」と「かけ声」で、カッコよく決まる振り付けをまず考えることだ。

Q　音楽は何がいいの？

何度も書くが、よさこいソーランには決まった曲はない。

有名な南中ソーラン（稚内南中学校ソーラン）は、歌手である伊藤多喜雄氏の「多喜雄ソーラン」という曲を使っている。

民謡調・ロック調等、さまざまな曲調の曲がある。これは、よさこいソーランの決まりが、ソーラン節のワンフレーズが入っていればいいからだ。

中学生や高校生であれば、音楽の好きな生徒に作曲させるということもありえるだろうし、生徒に選択をさせることも可能だ。

小学校の場合は、ほとんどが運動会などの行事であろう。練習時間が数多くとれるわけではないので、教師が選択することがほとんどだ。

リズムとテンポがよく、ノリのいい曲の方が小学校の子どもにとっては踊りやすい。ＹＯＳＡＫＯＩソーラン事務局から出版されている「教材用ソーラン」「よっちょれ」等がお勧めである。

Q　子どもに何か良い変化があるの？

よさこいソーランの練習をすればクラスがまとまる。

踊りを練習する前に、ＹＯＳＡＫＯＩソーラン祭りのビデオをまず見せる。ＹＯＳＡＫＯＩソーラン祭りのビデオを見せれば、ほとんどの子どもは、やってみたい、踊ってみたいという反応を示す。

踊りは、当然個々の子が勝手に踊っていたのでは成り立たない。他の子と踊りを合わせることが重要だ。そのためには、かけ声を合わせたり視線を合わせたりすることが大切だ。特に呼吸を合わせることが大事だ。呼吸が合わなければ踊りはそろわない。踊っている中で、子どもは自分で歌ったり、一、二、三などカウントを数えたりする。呼吸を合わせることで、他の子と踊りがそろってくる。練習が終盤にさしかかると、決めポーズやかけ声の部分で、今までにない一体感を子ども自身が感じるようになる。音楽の合唱で、二部合唱のハーモニーがそろってきたような状態だ。クラスに一体感が生まれてくる。

踊りの練習に対して、とても前向きで積極的な姿勢を示す子が多い。

私は過去に、運動会で演技するために他の民舞の指導もしたことがある。私の経験では、練習スタートの時点で子どもの意欲とやる気が他の民舞の何倍もあった。子どもにやる気があるのなら、当然指導もしやすくなる。

小学校高学年になると、体育の授業で活躍するのは男子が多い。よさこいソーランの練習でも、練習スタート時はかけ声など男子が活躍する。腹の底から出すかけ声練習は、やんちゃな男の子が大いに活躍する。

しかし、踊りの練習に入ると、ひとつひとつの動きを確実にこなす女子に上手な子が現れる。比較的体育の時間では目立たない子だ。

逆転現象が起きるのだ！　ふだん体育の時間に目立たない子が目立つことができるのも、よさこいソーランの練習なのだ。

Q　反対者にどう対応するの？

まずは、踊ってみせる！

反対者の多くは、実際のよさこいソーランを見たことがない場合が多い。他の民舞と同様に考えている場合が多い。実際に踊っている姿を見てもらえば、この踊りなら子どももってくるだろうと思ってもらえる。

また、教師がそこまで踊れるようになっているのなら、さらに反対する教師はほとんどいないだろう。

もちろん、時間が無い等で踊りをマスターする時間がない方もいるだろう。そういう場合は、ＹＯＳＡＫＯＩソーラン祭りの映像や踊りのレッスンビデオ・ＤＶＤを見せるとよい。

そして、「指導は、全部私がやります！」と宣言することだ。

また、「なぜ北海道のよさこいソーラン踊りなのか？　地元の踊りでもない踊りをなぜやらなければならないのか？」という反対意見も出るだろう。

そういう場合には、本書で他の方が書かれているＹＯＳＡＫＯＩソーラン祭り創設者「長谷川岳氏」の授業を紹介するといい。詳しくは書かないが、長谷川氏についての授業を道徳や総合的な学習の時間で取り上げ、運動会などの行事で踊るだけではないことをアピールするといい。なお、長谷川氏についての授業は、授業参観日で行うと保護者からも大好評である。

Ｑ　場所は？

練習開始は体育館で行うべきだ。

屋外で練習しては、道路を走る車やいろいろな騒音などで子どもの気が散る。まずは屋内の体育館等で練習し、踊れるようになってから屋外練習をすべきだ。

屋内で練習する場合は体育館がほとんどだろう。体育館には、ステージがある。このステージを有効に使うと練習時間も短縮でき、子どものモチベーションをさらにあげることが可能だ。

練習は、踊りをいくつかのパーツにわけて指導する。上手な子がいれば模範のために他の児童の前で踊らせる。体育館で指導していればステージの上で踊らせることができる。

体育が得意な男子、やんちゃな男子はステージの上で踊りたいのだ！

自分がステージの上で当然踊れると思っているのだ！

カッコいい踊りをカッコよく決めたいのだ！

しかし、視線や体の線など教師の指示をきちんと守って演技している子どもを模範にする。やんちゃな男子に上手な子もいるが、ふだん体育の時間に目立たない子、特

に女子に踊りの上手な子がいる。そういう子にステージの上で模範演技をさせる。模範演技をした後には、教師が「とても上手です。みんなで拍手！」と言って子どもたちにも褒めさせる。

その後に、教師が「合格するためには、～さんのように、指先をずっと目で追っていくのです」などと、一点だけ指示を出す。二点以上指示を出すと、子どもは混乱する。効果があるのは、一点だけ指示することだ。そうすると、やんちゃな男子も指示を聞いて真似するようになる。

自らの運動能力に自信をもち能力だけで運動をしていた子が、教師からの動きのアドバイスを素直に聞き入れるようになるのも、よさこいソーランの練習だ。

Q　何かお手本はある？

ＹＯＳＡＫＯＩソーラン事務局から販売している、教材用ソーランビデオ・ＤＶＤだ。ＹＯＳＡＫＯＩソーラン事務局のｗｅｂページ（http://www.yosanet.com）から購入できる。

Q　やってはいけないことは？

踊りに完璧を求めてはいけない。

よさこいソーランのよさは、ほとんどの子がやってみたい踊ってみたいと練習に前向きになる点だ。

しかし、踊りはいくつかのパーツが組み合わさっているので、すぐにできるわけではない。教師が細かい点まで完璧を求めると、子どもは自信を失う。自信を失えば当然意欲もなくなる。練習スタート時の前向きな姿勢をなくしては、よさこいソーランを練習する意味はない。

踊りは完璧に踊れるにこしたことはないが、八割できていればよしとすることも時には大事だ。いろいろな事情をもった子どもがいる場合には、子どもの意欲があがるのであれば踊りを変えてもいいのだ。

よさこいソーランには、決まった曲も決まった踊りもないのだ。

曲に関して、大切なことがある。

ＹＯＳＡＫＯＩソーラン祭りで活躍するチームの曲は、ＣＤとして販売されている。しかし、これらの有名チームの曲を勝手に使用することは、実は著作権法上できないのだ。

しかし、条件を満たした上でＹＯＳＡＫＯＩソーラン事務局に連絡し手続きをふめば使用を許可してもらえる。曲に関しての相談は、ＹＯＳＡＫＯＩソーラン事務局へメールしていただきたい。メールアドレス＝yosakoi@yosanet.com

よさこいソーラン入門Q&A
よさこいソーラン物識りコラム

北海道札幌市立新琴似緑小学校
割石隆浩

【YOSAKOIソーラン祭りの始まりと発展】

たった一人の大学生の発案から始まったYOSAKOIソーラン祭り。

たった一人の大学生とは、当時北海道大学の学生であった長谷川岳氏のことである。

一九九二年に第一回YOSAKOIソーラン祭りが開催された。参加十チーム、参加者一〇〇〇人、観客動員が二十万人であった。わずか十四年で、昨年度の第十四回YOSAKOIソーラン祭りは、参加チーム三三四チーム、参加者数四万三〇〇〇人、観客動員数二一四万人にまで成長した。

詳しくは、YOSAKOIソーラン事務局のwebサイトをご覧いただきたい。

＊webサイト（http://www.yosanet.com/ YOSAKOI /outline/index.html）

今や、北海道の代表的な祭りである札幌雪祭りをしのぐ勢いである。

さらに、YOSAKOIソーラン祭りは札幌だけではなく、日本全国の祭りにも変化をもたらしている。

YOSAKOIソーラン祭りは、北海道の民謡、ソーラン節のワンフレーズを必ずどこかに入れることをルールとしている。現在全国各地で、YOSAKOIソーラン祭りの大発展を参考に、地元の祭り・踊りを現代風にアレンジしたりミックスさせた祭りが発生している。全国各地で、YOSAKOIソーラン〇〇祭が発生している。〇〇には地元の名前が入る。YOSAKOIソーラン祭りは、祭りが急成長しただけではなく、新しい祭りの形を全国に提供しているのである。

現在では、リオのカーニバルの本場である、ブラジルでもYOSAKOIソーラン祭りが開催されている。

YOSAKOIソーランを立ち上げた、長谷川岳氏はYOSAKOIソーラン祭りを、北半球のリオのカーニバルにしたいと言っている。

YOSAKOIソーラン祭りの第一回からのテーマは、「街は舞台だ　日本は変わる」だ。

まさしく、日本を変えていくエネルギーをもった祭りなのだ。

なお、YOSAKOIソーラン祭りのYOSAKOIは、本家の高知県のよさこい祭りに配慮してローマ字だ。

【よさこいソーラン お勧め本】

『踊れ！　ＹＯＳＡＫＯＩソーランの青春』軍司貞則著（文藝春秋）

これだけ大きくなったＹＯＳＡＫＯＩソーラン祭りの誕生が、たった一人の大学生の発案であるというのは誰が聞いても驚きである。

たった一人でも、夢をもち行動すれば実現できるという実例として、授業を通して子どもたちに伝えたい。

長谷川岳氏が、たった一人でどうしてＹＯＳＡＫＯＩソーラン祭りをはじめようと思ったのか？　そこには大きなドラマがある。

また、発案はたった一人でも、祭りを開催するためには多くの人間のサポートが必要である。何事も、言うのは簡単である。しかしそれを実行するとなると、途端にトーンダウンし消滅していく。長谷川氏と長谷川氏をサポートする若い学生の熱い志が、ＹＯＳＡＫＯＩソーラン祭りを実現させたのだ。

弱冠二十歳とは思えない長谷川氏の人間的魅力と行動力、ＹＯＳＡＫＯＩソーランを指導する前に是非読んでおきたい一冊である。

『ＹＯＳＡＫＯＩソーラン祭り～街づくりＮＰＯの経営学～』坪井善明・長谷川岳著（岩波アクティブ新書）

著者の坪井善明氏は、現在早稲田大学の教授であるが、長谷川氏がＹＯＳＡＫＯＩソーラン祭りを立ち上げた当時、北海道大学の教授をしており、長谷川氏に祭りへのアドバイスをしていた。

どんなイベントも、一回目を立ち上げるには膨大なエネルギーが必要である。また、一回目の成功をもとに、それを継続していくこともまた大変なことである。今年で第十五回をむかえたＹＯＳＡＫＯＩソーラン祭りであるが、学生集団から始まった祭り運営も年々進化している。

ＹＯＳＡＫＯＩソーラン祭りの特徴は数多くあるが、その中でも注目すべきことは財源である。ＹＯＳＡＫＯＩソーラン祭りの財源は、ほぼ百パーセント自主財源なのである。国や北海道・市などから、補助金をほとんどもらっていないのだ。観客動員が二〇〇万人を超える祭りで、財源確保は至難の業である。補助金に全く頼らない組織運営についてや、祭りだけではない地域・街づくりについても参考となる本である。

『自然体のつくり方』斎藤孝著（太郎次郎社）

著者の斎藤孝氏は、日本人が失いつつある腰肚文化再生を唱えている。大リーグマリナーズのイチロー選手が、バッティングの前にウェイティングサークルでみせる四股立ちや肩入れなどを紹介しながら、斎藤氏が自分でやってみて効果のある身体技法獲得の具体的なメニューが書かれている。

TOSS体育代表の根本正雄氏は、斎藤氏の主張に大いに賛同し、腰肚文化再生を学校教育の中で、実践できるものとしてよさこいソーランをとりあげている。根本正雄氏は、TOSS体育YOSAKOIソーラン学校づくり研究会を立ち上げ、運動会や学芸会といった学校行事だけではなく、学校づくりの中によさこいソーランを位置づけることを提唱している。

長谷川氏と根本氏

【ソーラン節とよさこい節】

「よさこい節」は、もちろん高知県・土佐を代表する民謡である。ペギー葉山の「南国土佐をあとにして」のワンフレーズとしても全国的に有名である。もちろん、YOSAKOIソーラン祭りの本家である、よさこい祭りも同じ四国の阿波踊りと並ぶくらい有名だ。

よさこいの語源は、よさこい祭り振興会のweb (http://www.YOSAKOI.com) によれば「夜さ来い」つまり「夜に来てください」「今夜いらっしゃい」という意味だ。このほかにも、上記webページにはよさこい祭りのルールや起源などが掲載されているので、一度ご覧いただきたい。

北海道を代表する民謡「ソーラン節」は、明治時代に北海道開拓を支えたニシン漁で歌われた作業唄だと言われている。ニシン漁の中で歌われていた唄を総称してニシン場音頭とよび、ソーラン節はこのニシン場音頭の中の沖揚げ音頭の別名である。

当時のニシン漁は、「江差の五月は江戸にもないと　ほこるニシンの春の海」という歌も詠まれているくらいの繁栄ぶりだった。

ニシン漁は、最盛期には「一網千両・一網万両」と言われていた。そのためニシン漁で繁栄した北海道には生活のため、全国から多くの人々がやってきた。

したがって、ソーラン節にもそれぞれの出身地の唄が影響している。ニシン漁は確かに収入はよかった。そのかわり仕事は昼も夜もない死ぬほど過酷なものだった。当然、亡くなった人も数多くいた。

そんなときに、元気が出るようにと、力がわくようにと、漁師が歌ったのがソーラン節なのだ。ソーラン節は、北海道のさまざまのニシン漁場で歌われていた。

地域によって歌詞も曲調も違っていた。また、作業唄なのでその場で創作された唄も数多く残されていた。

現在、広く知られている「ヤーレン　ソーラン　ソーラン…」という曲調の「ソーラン節」は昔からあったわけではない。

昭和の北海道民謡界にこの人ありと言われた今井篁山が、ニシン漁の作業唄（沖揚げ音頭）であった「ソーラン節」を編曲し、全国的に有名にしたのが、現在広く知られるようになった「ソーラン節」だ。

引用文献…『そうらん節～北海道民謡・沖揚げ音頭』高田裕著（1980）
『北海道民謡の父―今井篁山の生涯―』藤倉徹夫著　道新選書

【よさこいソーランは参加型イベント】

今、北海道を代表する祭りである札幌雪祭りが、大きく変わろうとしている。大雪像を製作していた自衛隊が、雪像作りへの派遣人員を規模縮小しているのである。

大雪像がなければ、札幌雪祭りは成り立たない。が、もちろんやめるわけにはいかない。そこで、自衛隊の皆さんだけに頼らない市民参加型の雪祭りの方向を打ち出し今年度から取り組みはじめている。

ＹＯＳＡＫＯＩソーラン祭りは、もともと参加型イベントである。参加型というのは、祭りに参加するだけではない。祭り運営にも、参加者が加わっているのである。ＹＯＳＡＫＯＩソーラン祭りでは、祭りに参加するチームを地域別にわけて支部をつくっている。そして、年に一度、各チームの代表が一堂に会して次年度のＹＯＳＡＫＯＩソーラン祭りについて、話し合う会議（ＹＯＳＡＫＯＩソーラン祭り参加者フォーラム）をもっている。この会議は、毎年各支部のもちまわりで、担当の支部が運営を行い開催している。昨年度は、九月二十四日、二十五日に小樽市で開催された。小樽随一のホテルに、全道各チームの代表者七〇〇名ほどが集まり昨年度の反省、及び次年度以降の方向性について話し合った。

会議は全体会のほかに、課題別にいくつもの分科会が開催された。一つのホテルだけでは、収容しきれないため小樽市内の各会場で開催された。

ＴＯＳＳ体育代表の根本正雄氏も、第8分科会の発表者として招かれた。そして、ＴＯＳＳ体育とＹＯＳＡＫＯＩソーラン祭りとで、日本の子どもたちのためにできることを発表した。

ＹＯＳＡＫＯＩソーラン祭りの運営は、ＹＯＳＡＫＯＩソーラン祭り組織委員会が中心になっていることは間違いないが、毎年開催されるフォーラムを通して参加者の意見を反映するシステムが築き上げられているのだ。

「よさこいソーランのすごさ」発見の授業
YOSAKOIソーラン長谷川岳物語

元気の出る踊りの夢（渡辺喜男氏の追試）

TOSS体育よさこいソーラン研究会　高橋　真

一、YOSAKOIソーラン祭りを一人で立ち上げた学生～長谷川岳氏～

北海道・札幌の初夏を彩る風物詩として、完全に定着した「YOSAKOIソーラン祭り」であるが、この祭りはどのようにして生まれたのであろうか？

それは、一九九一年八月、高知の「よさこい祭り」を目にした一人の学生から始まった。その一人の学生の「こんな祭りが自分の住む北海道にあったら……！」という夢からすべては始まった。

その学生こそ、現YOSAKOIソーラン組織委員会専務理事、長谷川岳氏である。

「YOSAKOIソーラン祭り」の誕生には物語がある。よさこいソーランが踊り手や観客に元気を与える踊りであることを子どもたちに教えたい。

二、「元気の出る踊りの夢」の授業（原実践：渡辺喜男氏）

「第14回YOSAKOIソーラン祭りオフィシャルビデオ」など、YOSAKOIソーラン祭りで踊り手が踊っているVTRを見せる。

> これは、何のお祭りですか？

・「YOSAKOIソーラン祭りだ」　・「わかりません」

> みんなが運動会に向けて練習しているよさこいソーランのお祭りです。このYOSAKOIソーラン祭りは、毎年六月に札幌を中心に行われています。

> YOSAKOIソーランの「よさこい」とは、何のことでしょう？

・「よさこい祭りのこと」　・「わかりません」

YOSAKOIソーランの「よさこい」とは、高知県のよさこい鳴子祭りのことです。（よさこい踊りの写真を提示する。）

これは、よさこい踊りの写真です。みんなの踊っているよさこいソーランと似ているところは何ですか？

・「鳴子を持っているところ」

そうです。高知よさこい踊りの鳴子。そして、北海道の漁師の歌ソーラン節、この二つが組み合わさって、YOSAKOIソーラン祭りが生まれたのです。

表1を提示する。

（表1）

	参加チーム	参加者	会　場	観客数
2005年	334	43,000	27	2,141,000

昨年のYOSAKOIソーラン祭りには、三三四のチーム、四万三〇〇〇人が参加して二十七の会場で踊っています。そして、二一四万一〇〇〇人もの観客で札幌の町はにぎわうのです。これは、日本最大級のお祭りなのです。

では、この日本最大級のYOSAKOIソーラン祭りはいつから始まったと思いますか？

・「五十年前」　・「三十年前」

表2を提示する。

（表2）

	参加チーム	参加者	会　場	観　客　数
1992年（第1回）	10	1,000	3	200,000
2005年（第14回）	334	43,000	27	2,141,000

この日本最大級のお祭りは、十五年前に始まりました。第一回目の祭りでは、十のチーム一〇〇〇人が参加して三つの会場で踊っていました。観客数は二十万人でしたから、わずか十五年の間に急成長した祭りといえます。

このYOSAKOIソーラン祭りを一番最初に考えてやろうとした人は、当時、何歳くらいの人だと思いますか？

「三十歳」「五十歳」など、いろいろな答えが出されるが、答えは告げない。

このYOSAKOIソーラン祭りを一番最初に考えてやろうとした人は、当時、どんなことをしていた人だと思いますか？


「札幌市長」「社長」「芸能人」などいろいろ答えが出されるが、答えは告げない。

長谷川岳氏の顔写真を提示する。


YOSAKOIソーラン祭りを発案したのは、この方、長谷川岳さんです。当時、二十一歳、北海道大学の学生でした。

大学生だから、何がなかったのでしょう。

・「お金」　・「知恵」

大学生だからお金がなかったのです。

お金がないと、ステージを作ることもできません。踊りのチームを呼び寄せることもできません。長谷川さんは、祭りの協賛金を集めるために何百件もの会社をまわりました。

大学生だから信用がなかったのです。

祭りにはたくさんの公園や道路を使います。そのための許可は、役所や警察が出すのです。信用がないと役所や警察の人たちに話を聞いてもらえません。

長谷川さんがまわった会社、役所、警察から返ってくる言葉は、次のようなものでした。

今、忙しいからまたあとでね。

何を夢みたいなことを言っているんだ。

学生に何ができる。

しかし、長谷川岳さんは、あきらめませんでした。


長谷川岳さんが、大変な思いをしてまで祭りを誕生させたかったのは、どうしてだと思いますか？

いろいろな予想が出される。その後、長谷川岳氏が『踊れ！　YOSAKOIソーランの青春』（文藝春秋　軍司貞則著）の中で語っている、エピソードを読んで聞かせる。


これは、踊りのチームを呼び寄せるために、高知県に行ったときのことです。

「なぜ、まだ学生のあんたがそこまで札幌で祭りをやりたいのか、本当のことを聞かせてくれ。」

キャプテンの視線が岳に注がれていた。

「できたら母に祭りを見せてやりたいと思っています。」

「お母さん、どうかしたのか？」

「癌で入院しています。」

岳は小声で言った。

「去年の夏、母は余命3ヶ月と診断されていました。それで、兄のいる高知医大に入院していたのです。高知に来て、母と私で、初めてよさこいの踊りを見たんです。」

「兄は、母は高知で死ぬだろうと言っていました。ところが奇跡的に持ち直したんです。よさこいの踊りを見て、元気が出るわって、喜んでいました。踊りを見た後、母は興奮していました。ぼくも雷に打たれたように感動しました。ホンモノの踊りには人間の病気を治す力があるんじゃないか、そう思いました。」

「母は、それからも、しきりに、よさこい祭りって元気が出るわねえ、と言っていました。その母に札幌でも祭りを見てもらいたいとおもっているんです。」


子どもたちはシーンとして朗読に聞き入っていた。


長谷川岳さんは、お母さんに元気を出してもらうため、へこたれずにいくつもの企業をまわりました。長谷川岳さんの熱意に共感する大学生も増えてきました。役所や警察にも何度も足を運びました。根負けした担当者が書類の書き方を教えてくれるようになりました。協賛金を出してくれる企業も出てきました。道路や公園の使用許可も出ました。

そして、一九九二年六月、「第一回ＹＯＳＡＫＯＩソーラン祭り」が開催されたのです。（「第一回ＹＯＳＡＫＯＩソーラン祭り」のＶＴＲを見せる。）

長谷川岳さんはたった一人でも夢をあきらめずに行動を続けました。長谷川岳さんがお母さんを元気づけようとがんばっていたように、先生は、運動会で踊りを見た人が「元気が出る」と言ってくれるような踊りをみなさんにしてほしいと思います。

「よさこいソーランのすごさ」発見の授業

街は舞台だ！よさこいソーラン祭り15年の歩み・一時間の授業構成

よさこいソーラン祭りの成立と夢の続き

神奈川県横浜市立東戸塚小学校
渡辺喜男

この授業は、運動会などで「よさこいソーラン」を踊る前に行う。

一、「よさこいソーラン祭り」の成立、夢の実現

> 発問　日本で一〇〇万人以上の観客を集める踊りの祭りが四つあります。何という祭りか知っていますか。

四〇〇年前から続く「阿波踊り」、三〇〇年前から続く「青森ねぶた」、五十年前から続く「よさこい鳴子踊り」であることを告げる。

そして、よさこいソーランの踊りの映像か画像を見せる。

> かっこいいでしょう。もう一つは、札幌のよさこいソーラン祭りなんです。

現在三三三チーム、踊り子四万三〇〇〇人、観客二〇八万人を集めている巨大な祭りであることを告げる。

> 発問　では、このよさこいソーラン祭りは、何年前に始まったと思いますか。

子どもは、思い思いの数字を口にするだろう。

> よさこいソーラン祭りは、十五年前に始まりました。第一回は、参加チーム十、踊り子一〇〇〇人、観客一〇万人でしたから、この十五年間で、二十倍にもふくれあがったことになります。

よさこいソーラン祭りは、本当に若い祭りなのだ。

> 発問　では、このよさこいソーラン祭りを始めた人はどんな人だと思いますか。

子どもは、漁師、市長、社長などと言う。

> 大学生の長谷川岳さんです。当時、北海道大学の学生でした。

大学生だということに、子どもは意外な思いを抱くであろう。

長谷川さんは、高知のよさこい鳴子踊りを見て、雷に打たれたように感動し、この元気が出る踊りを、北海道のソーラン節と組み合わせてやりたいと考えたことを告げる。

> 発問　でも、長谷川さんは、大学生。祭りを作るためには、何かがなかったのです。何がなかったのでしょう。

子どもたちからは、お金という声がすぐ出る。

> そうですね。大学生だからお金がない。お金がないと、祭りのステージを作ることもできないし、地方車（じかたしゃ）という踊りの音楽を流す車も作ることができません。

> そして、大学生だから「信用」がなかったのです。祭りには、たくさんの公園や道路が必要です。その使用許可は、役所や警察が出すのです。学生には責任能力がないと思われ、相手にしてくれませんでした。

> 発問　それでも、長谷川さんは、あきらめませんでした。長谷川さんにはお金や信用はなかったけれど、ほかの何かがあったからです。何があったのでしょう。

> 長谷川さんには、仲間と行動力があったのです。

長谷川さんの情熱に打たれ、仲間が集まって協力してくれるようになったことを、まず告げる。

そして、高知県と北海道のリーダーである二人の知事に協力してもらうよう、「待ち伏せ作戦」を決行して頼み込み、「祭り対談」を実現させたことを告げる。

すると、二人の知事が協力してくれることが伝わり、マスコミがとりあげてくれるようになった。

すると、協賛金を出してくれるスポンサーも出てきた。
またたく間に、協賛金の総額は、一〇〇〇万円をこえた。
道路や公園の使用許可も出た。
以上のことを、子どもたちに語る。

そして、十五年前。よさこいソーラン祭りは開催されました。長谷川さんは、行動を続け、夢をついに実現させたのです。

二、「よさこいソーラン祭り」のさらなる夢

発問　長谷川さんは、夢を実現させ、札幌のまちを元気にして、満足したでしょうか。

子どもたちは、「しない」と言う。

そう、長谷川さんの夢はまだまだ続くんです。次の夢はどんな夢でしょう。

子どもたちは、いろいろな夢を語る。たくさんの夢を語らせたい。

よさこいソーラン祭りでは、たくさんの若者が踊って元気になりました。その若い人たちの踊りを見て、全国にたくさんの「よさこいソーラン」の祭りができました。
自分のまちも、元気になってもらいたいと考えたのです。

ここで、子どもたちの住むまちにある「よさこいソーラン」の祭りを紹介してもよい。よさこいソーラン祭りの成功を見ての、全国的な広がりである。

北海道には、よさこいソーランの支部がたくさんできました。北海道以外にもできたのです。
祭りには、北海道以外からも参加するようになりました。全国、いや、海外からも参加するようになったのです。

北海道に十七の支部ができて、それぞれがよさこいソーランの祭りを開催していること、昨年の祭りには、四国、九州、沖縄、そして、台湾からの参加チームもあったことを告げる。

祭りには、若者だけが参加しているのではありません。二〇〇五年の準大賞チームは、「三石なるこ会」というのですが、そのチームは平均年齢四十六歳です。
そう、おばちゃんのチームです。

三石なるこ会は、沈みがちだったまちの祭りを盛り上げようと結成されたこと、そして、盆踊りでなく、元気の出るよさこいソーランを選んだことを告げる。

発問　若者、そして、おばちゃんだけが、よさこいソーラン祭りに参加しているのではありません。ほかに、どんなチームが参加していると思いますか。

子どもたちは、もちろん、子どもが参加していると言うだろう。
子どものチームが参加していること、車いすのチームも参加していることを告げる。

「BBC元気ッス」というチームが祭りに参加して、評判になりました。BBCのCはクラブです。では、BBは何でしょう。ヒントは、一緒に看護婦さんも踊っています。

BBCとは、「ビューティフル・バーちゃん・クラブ」であり、おばあちゃんたちのクラブである。踊っていて体調をくずすこともあり、看護婦さんも一緒に踊っている。

長谷川さんの作ったよさこいソーラン祭りは、どんどん広がっている。

ブラジル、リオのカーニバル。世界最大のお祭りです。長谷川さんの次の夢はよさこいソーラン祭りを、北半球のリオのカーニバルにすることなんです。
世界中の人々を元気にしたい、それが、長谷川さんの次の夢です。

実は、先生、よさこいソーランを運動会でやってみたいと思っています。やってみたい人！　じゃあ、先生、踊って見せようか。見たい人！

教師は、せいいっぱい踊ってみせる。

あなたはよさこいソーランを踊ることで、長谷川さんの夢の実現に参加します。
運動会で、このよさこいソーランを踊って、あなたは、だれを元気にしますか。

これが新教材用ソーラン「SAMURAI」踊り構成だ

南中ソーランとは違ったよさこい文化を築く

北海道札幌市立幌南小学校　宮野正樹

踊りのテーマ

踊り手を波の踊りと漁師の踊りの二手に分ける。（左図「踊り構成図」参照）

今回の踊りのテーマは「呼応」である。テーマからのストーリーは、こうである。しぶきが沸き立つ海に、漁師が漁をするため出かける。ニシンが捕れなくなってしまった海はそれを歓迎していない。しかし、大漁のニシンがやってきたとき、波は魚が来たことに喜び、漁師も喜ぶ。波と漁師の間で「喜び」が呼応したのだ。これを三番とした。

新よさこいソーラン「SAMURAI～侍～」踊り構成図

「SAMURAＩ」前奏（24拍）振り付け

波の踊りから，始まる．
①片膝立ちで座る．両手は頭の前，顔は下に下げる．
②1～3　羽を広げるように．（写真）
③4～6　一歩前に出る．両手は胸の前でクロス．頭も下げる．（写真）
※②③を4回繰り返す．

「SAMURAＩ」間奏Ａ（18拍）振り付け

1　右手で，左斜め前を突き刺す．左手は，右肘下へ添える．（写真）
2～6　ゆっくりと右斜め前へ腕を平行移動する．

1　左手を伸ばす．目線は，指先よりも前．左足を一歩右に踏み込む．（写真）
2～3　そのまま．
4　右足を一歩右へ．
5～6　そのまま．

1　両手胸の前でクロス．両足は重ねる．
2　漢字の「大の字」．（写真）
3　そのまま．

4～6　両手の手のひらを天井へ向ける．一気に両手を上に上げていく．

「SAMURA I」1番波踊り（54拍）振り付け

1～3　右足を前に．つま先立ち．
　　　両手を3カウントで両足
　　　の太股につける．（写真）
4～6　両手を正面肩の高さまで
　　　そろえて上げていく．

1～3　左足を一歩前．つま先立ち．
　　　左側面を通るようにして，
　　　両手を回す．（写真）
右手拳は左耳に．左手は肘を伸ば
して天井へピーンと伸ばす．

4～6　足はそのまま．
　　　両手を前に倒す．
　　　右手を肩の高さでピーン
　　　と伸ばし，左手は右腕の
　　　肘に添える．（写真）

と　　胸の前に両手をクロス．
1～3　両手左右に広げる．（写真）
と　　ランニングの腕の形．
4～6　両手を前に突き出す．
1～6　頭と一緒両手を天井へ．

と　　左に「ため」をつくる．
1～3　右にしぶきを飛ばす．
　　　（写真）
4～6　左にしぶきを飛ばす．

1　　右にパンチ．（写真）
2～3　そのまま．
と　　正面を向く．
　　　両手を一度胸の前でクロス．
4～6　反対　※もう一度繰り返す．

1　　右足をつま先立ちで一歩前
　　　頭を一気に下げる．（写真）
　　　胸に右膝がつくくらい．
　　　両手は頭の前で顔を隠す．
2～3　そのまま．

4　両手を一気に前に押し出す．
　そのときつま先立ちになって
　いた右足を一歩前に踏み込む．
　（写真）

「SAMURAI」1番漁師踊り(54拍) 振り付け

スタートのポーズ.（写真）
肘を直角に曲げ，両腕で胸の前に長方形をつくるようにして，腕を組む．両足は，肩幅の２倍に開き，つま先が体の外に向くようにする．

１，２　両腕を伸ばし左真横から270度回転させる．２で両手が真上に来るようにする．
３　右肩に両手を担ぐ．拳同士が合わさる．（写真）

４　左手で前からくる壁を，右手で後ろからくる壁をしっかり押す．（写真）
５，６　そのまま．
１～６　反対側も繰り返す．

１　両手を左腰にのせる．
２～３　右手を扇子を開くように．
４　戻す．
６　天井を右手で突き刺す．
１～６　両手を回し決め．（写真）

１～３　ゆっくり目の前の網を全部かき集める．顔は下向き．１で頭を急に下に下げることでアクセントがつく．（写真）

４～６　両手をクロスにして引く．手のひらは開いた方がかっこいい．４でアクセントをつけるため，一気に顔を上げる．（写真）

１～３　網引き①．
４～６　両手で弓矢を引く．（写真）
１～６　反対側網引き①②．
１～６　反対側網引き①③．

と　右手を左肩に．顔も右肩を見る．
１～６　ゆっくりと右手を左肩から右斜め上へ動かす．目線は，右手を追いかける．（写真）

「SAMURAI」間奏B（24拍）振り付け

1　両手を顔の前でクロスにする．
　両膝は，伸ばす．

2　両手を水しぶきを飛ばすように右側に飛ばす．
3　左側に飛ばす．
4　両手をクロスにして天井へ突き刺す．5，6そのまま．

1　両手を左膝の方へもってくる．（写真）
2　そのまま．

3　一気に右向きになり決めのポーズ．
　右足はつま先立ち．体重は，左脚にかける．

4　一気に左側を向く．
　左手を伸ばし，右手は肘を曲げる．斜め下にいるものを弓で射るように．（写真）
5，6　そのまま．

1〜6　左手の手のひらを開いて，ゆっくりと上に上げていく．そのとき，アクセントとして，4で腕より先に天井に向けるとよい．（写真）

1　右向きに両足をそろえる．
　両手は下にだらんと垂らす．
2　両手で右側からくる壁を突き押す．（写真）
3　正面を向いて両手クロス．

4　両手だけ決めポーズ．
　顔を正面から，右へ，一瞬で向けるのがポイント．
5〜6　ゆっくりと体重を落とし，四股立ち．（写真）

「SAMURAI」間奏C（24拍）振り付け

と　左に「ため」をつくる.
1～3　波しぶき．両手を右に飛ばす.（写真）
4～6　波しぶき．両手を左へ飛ばす.

1　一気に両手で壁を押す.
右足一歩前.（写真）
2～3　そのまま.

4　一気にしゃがみ込む．両手は下へ．頭は下げる.
右足を左脚の横に戻す.（写真）
5～6　そのまま.

1～3　右足を真横に大きく開く（写真）．相撲の関取の四股踏みのように.
両手は，大きく回して，腰へ.

4　右手で右斜め上にパンチ.
右足に体重をかける.
（写真）

5　右手を右腰に戻すと同時に，左手で左斜め上をパンチ.
（写真）
6　両手を腰に戻し，四股立ち.

と　左に「ため」をつくる.
1～3　波しぶき．両手を右に飛ばす.（写真）
4～6　波しぶき．両手を左へ飛ばす.

「SAMURAI」間奏D（24拍）振り付け

1　右にへそを向け，右足に左脚をそろえる．両手は下へ．頭も下へ．（写真）

2　両手の手のひらを上にし，左脚をもとの位置に戻すと同時に，両手を右に突き出す．（写真）

3　両手を正面胸の前でクロス．顔の向きは正面．（写真）

4　①の反対．（写真）
5　②の反対．
6　③と同じ．

1　左脚を一歩思いっきり踏み込む．
そのとき，正面に向かって決めポーズ．左脚に体重をかける．（写真）

2　右後ろにためをつくって．
3　両手を一気に正面に向かって投げる．
反動で，右足が上がるはずである．（写真）

4～6　両手を胸の前でクロスにし，ゆっくり右に引っ張る．右足の膝が曲がり，左脚の膝が伸びる．（写真）

①～⑦　の動きは12拍の動きである．

※従って①～⑦をもう一度繰り返す．

「SAMURAI」間奏E（24拍）振り付け

1　顔の前で両手をクロス.（写真①）
2　右に波しぶき.（写真②）
3　左に波しぶき.
4～6　1～3を繰り返し.
1　両手を天井にクロス.（写真③）
2～3　そのまま.
4～6　ゆっくり両手を左右に開く.一度胸の前で手をクロス.

※上記の動きをもう一度繰り返す.

「SAMURAI」拍手（12拍）振り付け

1　両手を開き漢字の大の字.
2　両手を胸の前でクロス.（写真①）
と　両手をクロスにしたまま上に突き上げる.（写真②）
3　両手を開く.（写真③）

曲に合わせて手拍子.

※もう一度繰り返す.
手拍子のリズムが2回目は少し違っているので，聞き比べること.

「SAMURA I」3番（54拍）振り付け

1，2　両腕を伸ばし左真横から270度回転させる．2で両手が真上に来るようにする．
3　右斜め後方に両手をクロスにして引く．（写真）

4　右手で前からくる壁を，左手で後ろからくる壁をしっかり押す．（写真）
5，6　そのまま．
1～6　反対側も繰り返す．

1　両手を左腰にのせる．
3　右手を右に突き刺す．
4　戻す．
6　天井を右手で突き刺す．
1～6　両手を回し決め．（写真）

1～3　ゆっくり目の前の網を全部かき集める．顔は下向き．1で頭を急に下に下げることでアクセントがつく．（写真）

4～6　両手をクロスにして引く．手のひらは開いた方がかっこいい．4でアクセントをつけるため，一気に顔を上げる．（写真）

1，2　網引き①．
3　両手で弓矢を引く．（写真）
4～6　繰り返す．
1～6　反対側網引き①②．
1～6　反対側網引き①③．

1　右手で左膝を突き刺す．左手は右肘の下．（写真）
2　反対側を反対の手で突き刺す．

3　天井を右手で突き刺す．（写真）
1～3　もう一度「もりで突く」を繰り返す．

「SAMURAI」間奏C′（24拍）振り付け

前の拍6と次の拍1の間に「と」の動きを入れる．（写真）
しっかりと，両手を左に引くことで，次の右への動きがしやすい．

1～3　右斜め上に両手を投げる．肘を伸ばす．（写真）
と　左に行くために右のためをつくる．
4～6　左斜め上に両手を投げる．

1　両手で壁を押す．右足を一歩前に出す．（写真）
2，3　そのまま．

4　一気にしゃがみ込む．両手，顔は下．（写真）
5，6　そのまま．

1　一気に起きあがる．右足を真横に開き，両手は腰．足はすり足で広げる．（写真）
2，3　そのまま．

と　一度胸の前で手をクロス．
4　両手の手のひらで両サイドを押す．右手は右斜め上を，左手は左斜め下を押す．（写真）

と　一度胸の前で手をクロス．
5　左手で左斜め上を，右手で左斜め下を押す．（写真）

6　自分の骨盤に，両手をたたきつけるようにしておく．
1～3　クモ②③．
4～6　クモ①②③．
※クモの動きは，3回繰り返す．

「SAMURAI」間奏D′（24拍）振り付け

1　左に両手を引く．
次の動きへの「ため」になる．
（写真）

2　右手と顔を一気に右へ．
左手はぴーんと天井へ伸ばし，
耳に腕をつける．（写真）
3　膝を曲げ，四股立ちになる．

4　向きを反転させ，左向きになる．
（写真）左手は，斜め左下，右
手は肘を曲げ右斜め上で弓を
ひく．右足に体重をかけ，左
膝は伸ばす．

5　足はそのまま，腕の形もその
ままで，左手を一気に上に上
げる．（写真）
6　写真③と同じポーズになる．

1　　左足に踏み込み，左手の
手のひらで左斜め下を突
き刺す．（写真）
2，3　徐々に手のひらですくい
上げていく．肩の高さまで．

4～6　軽く両足でジャンプをして
リズムをつけながら，上体
を起こす．両足の膝は徐々
に伸ばしていく．左手を左
斜め上まで上げる．（写真）

※上記①～⑥の動きを反対側でも
繰り返す．12拍

この反対の動きが，子どもの混乱
を起こす可能性があるので，動き
始めの①のときに，かけ声をかけ
て行うとよい．最初は，「左！」，
反対側で行うときには，「右！」と
いうようにである．

「SAMURAI」エンディング（54拍）振り付け

両手を使って体の正面でバッテンをつくるイメージ．
1　右斜め上から左斜め下へ．
2　反対．（写真）

3　体の正面で手をクロスさせる．
4　両手を伸ばし両膝につける．（写真）

5　体を一気に起こす．（写真）

6　両膝をピーンと伸ばす．両手は肩の高さのまま．（写真）

①～③を繰り返す．
6　両手を45度の高さに上げる．両膝は伸ばす．（写真）

①～③を繰り返す．
6　両手をさらに高く上げる．両膝は伸ばす．（写真）

1　両手を正面の地面に突き刺す．
2～5　ゆっくり上に手を上げていく．
6　顔の正面で手をクロス．
と　決めポーズ．
漁師踊りは，片手を上に上げる．両方の膝は伸ばす．（写真）
波の踊りは，右手を上に上げ，左手は正面．右膝を曲げる．（写真）

新教材用ソーラン「SAMURAI」を運動会へ向けてこう指導する！

子どもが変わる　子どもを変える　よさこい指導

北海道札幌市立幌南小学校　宮野正樹

一、よさこいソーランで指導すること

指導計画を立てる上で、限られた時間で行うことは大切なことである。しかし、それより大切なことは、子どもと一緒に「よりいいものを追求できるかどうか」ということである。よさこいが運動会の表現種目として適切であるゆえんは、子どもが「よりいいものを追求したくなる」ということにほかならない。「もっとやりたくなる」「もっと踊りたくなる」そういう素材だからこそ、「よりいいものを追求しようとする」態度や心をはぐくむのに適切なのである。「やりたくない」「踊りたくない」と思っている素材で「よりいいものを追求しよう」とすれば、子どもと素材との間に亀裂が入るに決まっている。

しかし、現実問題として指導時間は気になる。運動会だけで二十時間も三十時間もやってはいられないのは事実である。もちろん、限られた、しかも短い時間で、「よりいいものを追求していく」集団に子どもたちの意識を変えることができればよい。だが、私はそのような力量を持ち合わせていないのもまた事実である。

従って、私は、「いいものを創りあげる」ということを最重要課題として、指導計画を立てることにした。そのため、通常よりも指導時間はかかる。以下に記述する指導方法を、実際に追試しようとする場合には、次の点を踏まえてほしい。

①指導時間として最大限どれだけとれるか。それによって、以下の指導計画の不要な部分をカットして行ってほしい。
②そのためには、踊りの変更が必要となる。より短い時間で行うとなると、似ているところの踊りをすべて同じ踊りに変えることが一番手っ取り早い。
③ただ、忘れないでほしいのは、よさこいを指導するのではなく、よさこいで何を指導するかを念頭に置くということである。

いかに手っ取り早く指導するかが重要なのではなく、よさこいを通して子どもに何を指導するかが重要である。形だけでは指導は失敗する。形だけの指導では、子どもは何も変わらない。いや、最悪の場合は、授業が崩壊するのである。

よさこいソーランに取り組むときには、安易にマニュアルに頼らず、指導者として

の責任と自覚と覚悟をもってほしい。

二、指導計画

今年度（平成十八年度）、私は、五年生九十三名に運動会へ向けて指導を行うこととした。指導のめやすの時間は十時間である。

よさこいソーランの指導を通して、「子どもの中にある固定概念を逆転させること」「ねばり強く取り組むことの心地よさ」「よりよいものへの飽くなき追求をすること」の三つの価値を育てることを指導の目標とした。

時間	指導内容
一時間目	・よさこいソーラン祭りをたったひとりでつくった長谷川岳氏。 ・長谷川氏が、よさこいソーラン祭りをつくりたかった本当の理由。 ・今年の運動会でよさこいソーラン祭りに取り組むこと。 ・曲を聞かせ、曲のイメージを問う。
二時間目	・踊りの全体像をつかませるために、模範演舞を教師がする。 ・三番の振り付けをする。
三時間目	・Cダッシュの振り付けをする。
四時間目	・Dダッシュの振り付けをする。
五時間目	・エンディングの振り付けをする。
六時間目	・漁師踊り、波の踊りに子どもを分ける。 ・漁師踊りは、一番と間奏Aの振り付けをする。 ・波の踊りは、前奏と一番の振り付けをする。
七時間目	・漁師踊りは、間奏Bと間奏D、間奏Eの振り付けをする。 ・波の踊りは、間奏Cと間奏D、間奏Eの振り付けをする。
八時間目	・手拍子を振り付けする。 ・踊りをすべてつないで踊ってみる。
九時間目	・体型移動をつくる。 ・通して踊る。
十時間目	・通して踊る。

三、指導方法

ここでは、従来のように一時間一時間ごと細かく、どんな言葉を言って、どのように指導していくかということではなく、一時間の指導を構成するいくつかのパーツを紹介する。以下のパーツを組み合わせて一時間の授業を構成するのである。

また、振り付けについては、前述の踊りの振り付けのページを参考にして、自分なりに子どものよい動きを引き出す言葉を生み出してほしい。それが教材研究である。

【学習のスタートをつくるパーツ】

①よさこいプロジェクトをつくる

授業の最初のうちに、各学級でよさこいプロジェクトチームなるものをつくるように伝えておく。役目は、授業開始のときに曲をかける、よさこいにかかわる情報新聞を書くといったことが考えられる。

②CDを各学級に配布しておく

CDを使って休み時間練習するクラスが必ずできる。そういうクラスが一クラスでも出れば、よさこいソーランの指導の半分は終わったものと思ってよい。子どもは、指導の時間と時間の間を生かして、より精度の高いものを求めて自ら取り組むようになるからだ。

③学習の始まりは、踊ることから

先生が来なくても、授業の開始を自分たちでさせるようにする。そのため、プロジェクトの子に教える。または、教師が最初の振り付けの授業が終わった次の授業のとき、率先して曲をかけて練習する。すると子どもたちは、そんな教師の姿を見て、あちらこちらで踊りの練習を始めるものだ。十年やって十年ともそうなった。

【教師の師範パーツ】

①よい動きを見せる

教師の師範の最大の目的は、子どもに憧れをもたせることである。しかし、憧れをもたせるということは口で言うほどやさしいことではない。そこで、どう動いているかわかる鋭い動きをしてみせることを心がけるとよい。振り付けのときには、私は、背中を見せて踊ることが多い。

②比較としての悪い動きを見せる

時として、教師は、よい動きとは全く逆の動きを見せることも必要である。子どもの多くは実は悪い動きの方が多い。しかし、これを口で言ってしまっては、芸がない。私は、よく、「あの子の踊りを変えたい」と思う子を見つけ、その子の踊り方と師範の踊りを比べさせる方法をとる。もちろん踊るのは両方とも教師である。

③大げさに踊ってみせる

スキーと同じである。子どもに師範するときは、大げさなぐらいがちょうどよい。よい動きも、悪い動きもである。私は、踊りの先生に「足を開きすぎだ」と言われるくらいあえて開く。

【子どもに模範をさせるパーツ】

①ステージの上で行う

振り付けをしているときには、ステージから見ていて「よい動き」をしている子をステージの上に上げてやらせる。子どもの模範の方が子ども集団に与える影響は大きい。

いつもステージに上がる子どもは変えるようにしたい。

②評価の言葉を教師が言う

これは具体的であればあるほどよい。時にはマイクも使う。「上手だね」よりも「腕の動きが鋭い」「足の開きがしっかりしているから力強い」という言葉の方が数段よい。

③評価の言葉を子どもに言わせる

教師の師範を比べさせるときも、子どもに模範をさせるときも、子どもに評価の言葉を言わせるようにする。

【子ども同士見合うパーツ】

①隣の人と行う

ちょっとの時間でできる。隣同士交代で踊らせ、見ている方がよいところを伝えるようにする。これは、最初のうちは、「グラウンド側の人が最初に踊ります」「後で今踊った人のよいところを言ってもらいますからしっかり見ているんですよ」「よいところを伝えてごらん」というように、順序よく指示を入れる。最初から子ども任せにはしない。

②踊りをつくらせる

二人一組でするときには、踊りをする方と、踊りをつくる方に分ける。教師が師範する形に近づけるには、自分でするよりも相手に形をつくってもらうとよい。ちょうど、彫刻家と素材という関係である。鏡がない場合には効果がある。これはやってみるとわかるが、意外に子どもたちはおもしろがる。

③三人グループで行う　④縦の列で行う　⑤横の列で行う　⑥学級で行う

③～⑥はどれも踊りをそろえる目的で行う。そろえる観点を示すようにするとよい。「頭の高さをそろえます」「腕の高さをそろえます」ポイントは、列のどの子に合わせるかということである。基準になる子をつくるのである。

四、一時間の授業構成の例

①子どもがCDをかけて、おのおの好きな場所で踊りの復習をする。（3分）
②集合。今日の踊りの師範。（2分）
③三パーツずつ繰り返しながら振り付け。教師の師範。（20分）
　カウントを子ども全員に言わせる。
④難しい踊りは、二人一組で踊りをつくらせる。（5分）
⑤今日の踊りを隣同士見せ合い、評価させる。（5分）
⑥踊りのポイントを伝えながら、踊りの精度を高める。一時に一事。（5分）
⑥曲を使って踊る。列ごと、または、学級ごと評定していく。（5分）

演舞の準備・基礎基本と応用

TOSS体育よさこいソーラン研究会　高橋　真

一、大道具と小道具作りのヒント

運動会でよさこいソーランに取り組むときに、「法被」「鳴子」「大漁旗」は用意したい。初めてよさこいソーランに取り組む場合、備品としてこれらがそろっている学校はまずないであろう。

私は、これらの物を借りたことがあった。当然、校長先生から職印をもらい借用書を相手方にお渡しした。

「法被」は、町内会や消防署、労働金庫から借りた。子どもたちは、法被を身につけただけで大変喜んだ。しかし、「使用後にクリーニングをすること」と条件がつく場合もある。そのときは、予算的に無理なので断念した。「法被」は家庭で洗濯をすると色落ちする素材のものが多い。クリーニングに出すと一着一五〇〇円以上はする。最近は、子どもたちが作った法被を着せることが多い。

「鳴子」は、近隣の学校、以前勤務していた学校から借りたことがある。学校備品として、二〇〇個近くの鳴子を持っている学校がある。しかし、鳴子は木でできているので、壊れることがある。壊れたままで返すわけにはいかないので、木工ボンドで修理し、返却するときにその旨を相手方に伝えた。何だか肩身が狭いので、よその学校から鳴子を借りるのも最近はやめた。ＹＯＳＡＣＯＩソーラン祭りのルールには反するが、鳴子を持たない踊りを考えたこともあった。

「大漁旗」も借りた。私は昔、漁業の街稚内に勤務していた。漁師の親方のお子さんを受け持ったことがある。親方は船を持っているので、大漁旗も持っていた。大漁旗は漁師にとって大切なものだとは知っていたが、おそるおそる尋ねてみた。「先生、大丈夫だ。古いのあるから使いなって」と言って、貸してくれた。転勤して稚内から離れた後も数年間、貸していただいた。運動会終了後には、子どもたちが踊っている写真やビデオ、そして、心ばかりのお礼の品をそえてお返しした。しかし、この大漁旗も最近は、子どもからデザインを募集して学年の先生と作る。一度作ってしまうと、次の年も使うようにしている。自分がよさこいソーランの担当学年から外れても、他の先生から、「去年の大漁旗、ありますか？　貸してほしいんですけど」と言われる。法被も大漁旗も「借りる」から「手作り」へと移行してきた。

二、古くなったワイシャツで「法被」を作る

教材屋さんに不織布でできている法被もあるが、一着二五〇円もする。予算はない。保護者から徴収するといっても、運動会一回きりでは言い出しにくい。

この方法は千葉県の三浦宏和氏から学んだものである。四年生でも二時間もあれば完成する。

（「纏の作り方」三浦宏和氏 http://www.oak.dti.ne.jp/~hirokei/yosakoi-matoi.htm）

【材料・道具】

・大人用のワイシャツかブラウス（家庭から古着となった物を寄付してもらう）

・カラーガムテープ　・名前の一文字をA３にコピーした紙（バックプリント作成に使う）　・黒のマジック（油性が望ましい）　・裁ちばさみ

(1)　Yシャツを切る（写真１）

Yシャツの襟、ボタンを落とす。長袖の場合は上が二五センチ、下が一八センチ弱のあたりで袖を切り落とす。

(2)　ガムテープで補強（写真２）

赤いガムテープ（黒もよい）で袖口、襟元を補強する。

(3)　前衣を作る（写真３）

ワイシャツの前の部分にV字になるようにガムテープをはる。V字にはったガムテープに沿って、余った部分を裁ちばさみで切り取る。

そうすると、ワイシャツが法被の形に早変わり。

(4)　背中に一文字を入れる（写真４）

バックプリントとして漢字を一文字入れる。

漢字は自分の名前から一文字とるように言った。子どもが決めたものを一度パソコンで打ち出してそれをなぞらせる。（ちなみに、ワードアートのDEP極太楷書体を使用した）。丁寧にレタリングするには、漢字の輪郭をマジックでなぞるとよい。その後から、中を塗っていくようにする。これで、完成！

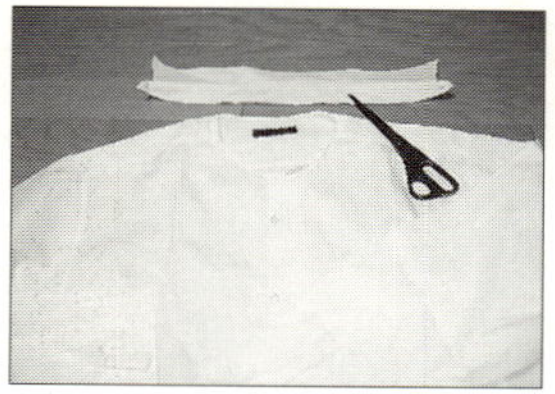

写真１―１

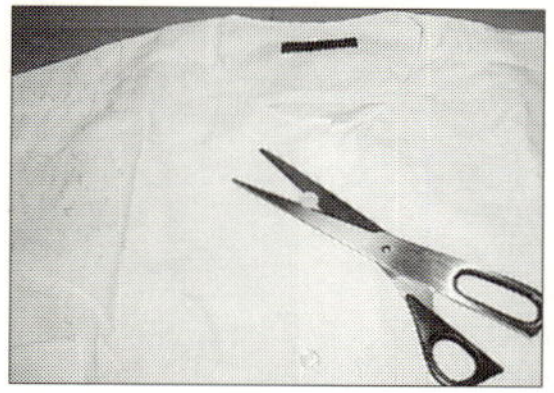

写真１―２

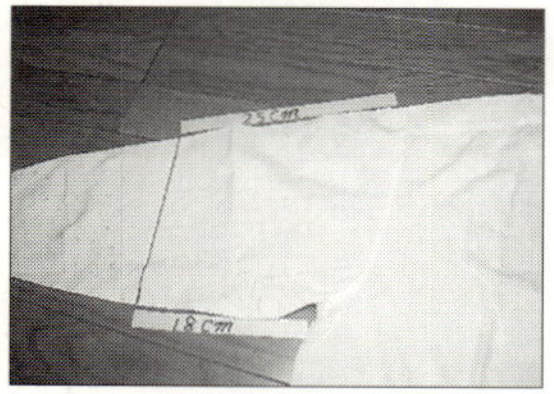

写真１―３

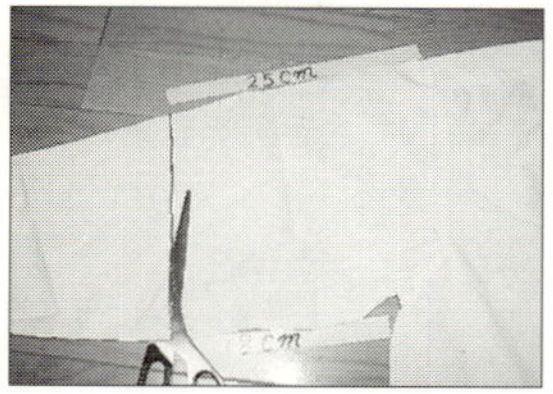

写真１―４

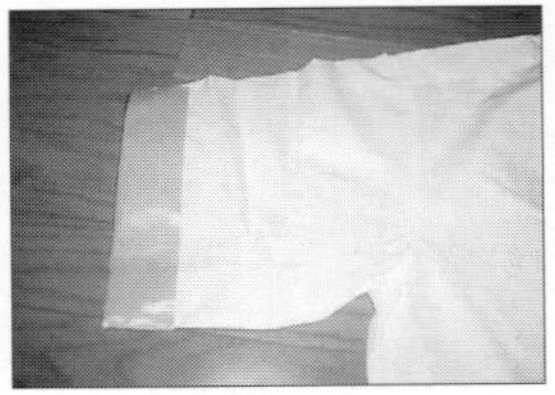

写真２—１

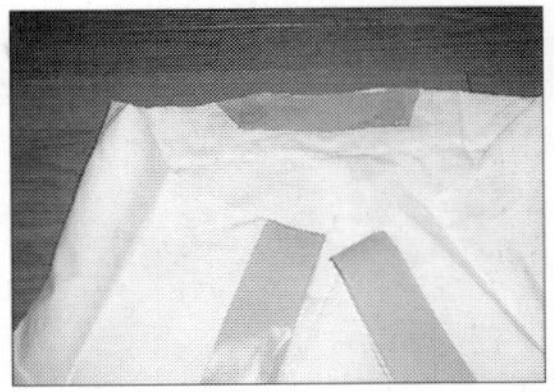

写真２—２

写真３—１

写真３—２

写真４—１

写真４—２

写真４—３

完　成

三、鳴子をどうするか？

(1) 鳴子を学校備品として購入してもらう

これが一番よい。ちなみに、教材カタログに載っているもので、一番安い鳴子が一組四六〇円である（着色済みのもの）。最近は大手百円均一ショップでも鳴子が販売されている。仕入れ数が限られていたりする場合もあるため、早めにショップに連絡する方がよい。（市町村によっては、学校指定業者になっていないため、百円均一ショップでの購入が難しいケースもあるだろう）

鳴子を学校で購入してもらう場合、よさこいソーランを運動会の種目として、継続して行うことが大前提となる。よさこいソーランを踊った子どもたち、踊りを見ている保護者の評判が、後押しとなってくれるだろう。しかし、「よさこいソーランにどうしても鳴子が必要なのか？」という、反論も予想される。学校で購入してもらうためには、「理論武装」が必要となる。「鳴子をならしながら踊ることにより、運動にリズムと力強さが生まれる。そして、子どもたちの連帯感、一体感が高まる。その姿を見て親も感動するんです。鳴子がないと、踊りの迫力は半減する」そのくらいのことは言わねばならないだろう。

(2) 図工の教材として「鳴子キット」を購入する

「鳴子キット」とは、鳴子を組み立て、絵の具などで好きな色に着色するというものである。図工の教材なので、子どもにとっては「マイ鳴子」になる。教材カタログに載っている一番安いもので、230円。この場合、教材費として保護者から経費を徴収することになる。教材選定委員会、または、職員会議での了承が必要な学校がほとんどのはず。この場合も、鳴子の必要性を訴える「理論武装」が必要となる。

ちなみに、「鳴子キット」を絵の具で着色し、その上から水性ニスを塗る。子どもが踊っている最中に手に汗をかくと、水性ニスは溶けてくる。手がべたべたになる。

水性ニスを塗った場合、グリップの部分はビニールテープを巻く必要がある。

(3) ペットボトルに小豆を入れる

マラカスのような音になるが、鳴子の代用品として実践している先生もいる。

いずれにしても、鳴子の用意は一番やっかいな問題である。すんなり学校備品で購入している学校がうらやましい限りである。

四、大漁旗の作り方の手順

(1) 白い綿の布を手芸屋さんで購入する。大きさは一八〇×一二〇センチぐらいがいいだろう。布の端はミシンで縫っておく。そのときに、棒に縛りつける布ひももいっしょに縫っておく。

(2) 子どもから図案を募集する。「お魚がたくさん捕れるようなイメージ、大きな波がやってくる海をイメージして、大漁旗の絵を描いてみてください」と子どもたちに言った。

(3) 応募された図案の中から、四・五点を選ぶ。子どもたちの声を聞いて選んだり、投票で選んだりする。

(4) 四・五点の図案と教師のアイデアを生かして、Ａ４の紙に下絵を完成させる。「よさこいソーラン」などのかっこいい文字も入れておく。

(5) 下絵をＯＨＰシートにコピーする。

(6) 白布を黒板などにはり、ＯＨＰで下絵を投写し、白布に下絵をマジックで写しとる。

(7) ポスターカラーで着色する。

(8) マジックの線が、ポスターカラーで見えなくなっていたら、その部分をマジックで書き直して完成。

学年や児童の実態に合わせて、子どもたちに作業をさせるのもよい取り組みとなる。

大漁旗

運動会でよさこいソーラン
―企画書作りから後片付けまで―

よさこいソーランを運動会の定番に！　学校の伝統に！

千葉県公立小学校　森本雄一郎

本校の運動会では低学年一・二・三年、高学年四・五・六年で表現運動を行う。一昨年は一年生担任、昨年は五学年担任として、低学年、高学年と中心になってよさこいソーランを実施した。よさこいソーランを一～六年全学年で実施する結果となった。二年連続で実施した結果はどうか。これが子どもにも保護者にも大好評であった。あどけない一年生が熱中する姿、力強い高学年の演技。多くの方の支持をいただいた。

一、企画書作り～運動会提案に向けて～

職員会議で、表現運動の是非について議論になったことがある。理由は運動会のために授業時間を膨大に削ることへの懸念があったためだ。一理も二理もある。

確かに授業時間を際限なくつぶしてまで行うべきではない。

体育主任である私は「表現運動実施、授業時数維持」の課題と対峙することになる。思い浮かんだのは、ＴＯＳＳ体育全国セミナーで初めて出会った「ＴＯＳＳ体育よさこいソーラン」であった。

『二週間で無理なく完成させる』

ＴＯＳＳ体育よさこいソーランは、四時間で振り付けを通しで覚えられる。さらに四時間踊り込めば感動を生む演技にまで発展させることができる。これなら運動会期間中、大幅に時間を費やさなくて済む。昨年度は、一学期に四時間程度で振り付けを覚え、二学期の運動会期間中、四時間だけ使って踊り込んだ。他教科への影響はほとんどなくなった。当然、実施についての異議申し立ては全くなかった。

『運動会団体競技と表現運動のどちらかを選択制にする』

運動会の団体競技を「団体種目」とした。団体競技でも表現運動でもどちらでも選択できるようにした。これにより、弾力的な実施が可能になった。

二、企画書作り2～一緒に指導する先生方へ～

よさこいソーランの魅力については実際に目の当たりにしてもらうことが手っ取り早い。できれば自分が踊ってみせることができれば一番いいのだが、難しければＤＶＤを見ていただいてもよい。はなはだ雑駁であるが、私は左記のような資料を配り、実際に自分が踊る姿を見ていただいた。振り付けだけでなく、隊形、衣装の作り方も載せておいた。一昨年の低学年ソーラン、B5にして八枚の資料である。

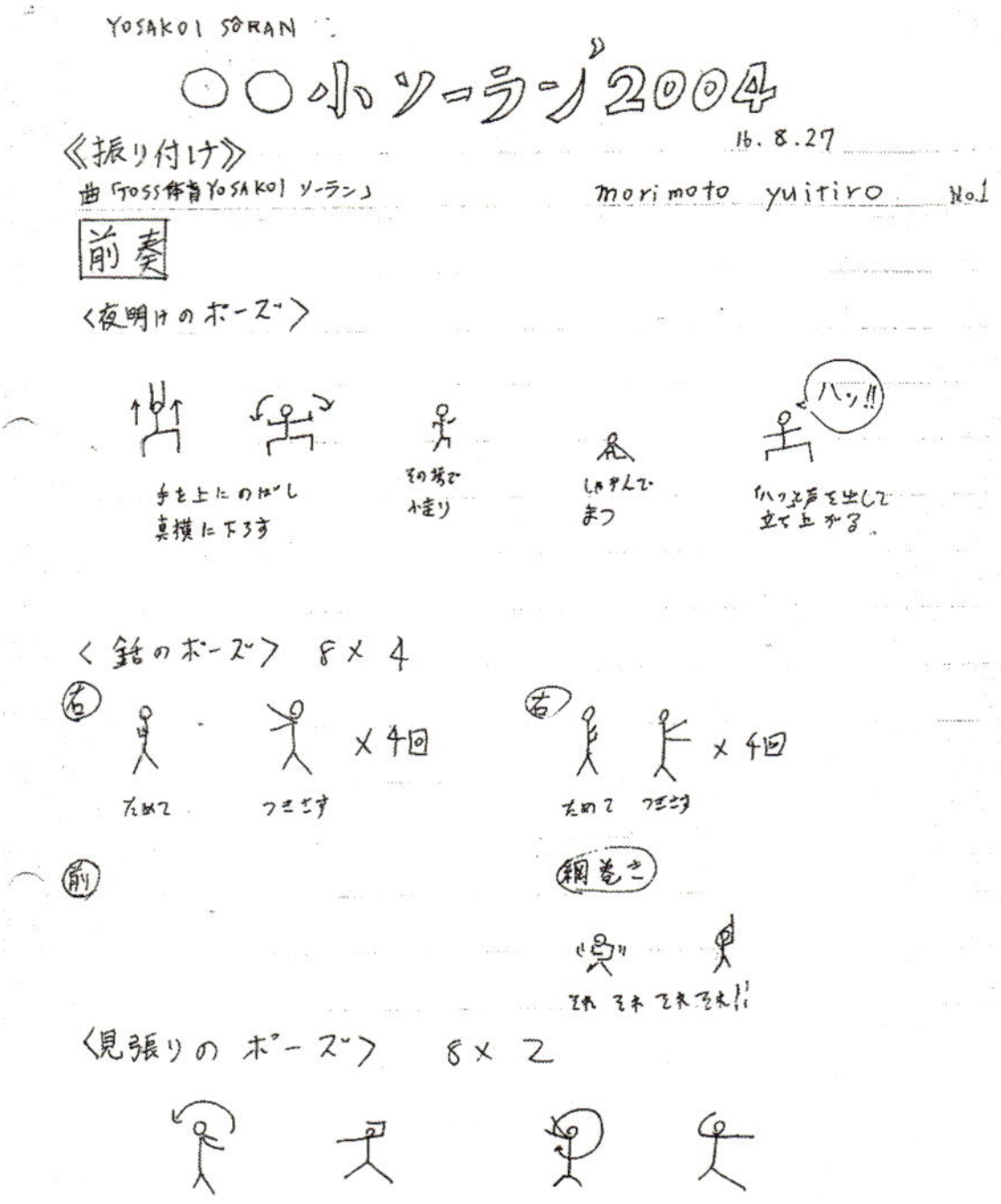

YOSAKOI SORAN
○○小ソーラン2004
16.8.27
《振り付け》
曲「TOSS体育YOSAKOIソーラン」
morimoto yuitiro No.1
前奏
〈夜明けのポーズ〉
しゃがんでまつ
「ハッ」と声を出して立ち上がる。

〈銛のポーズ〉 8×4

〈見張りのポーズ〉 8×2

どのような曲の構成、振り付けなのか、簡単な図を入れて示す。

実際に踊ってみなければわからない部分が多いが、書き出しておくことで、自分自身が指導する際に役立つ。

上図がB5で、計五ページとなる。（二〜五ページは類似する内容のため省略する）

衣装について（六ページ目）

Yシャツを切ってマトイを作成すること（図を使って視覚にうったえたい）。

代案としては、浴衣・法被の使用も検討した。

鳴子は百円ショップで私が買いそろえること等を示している。

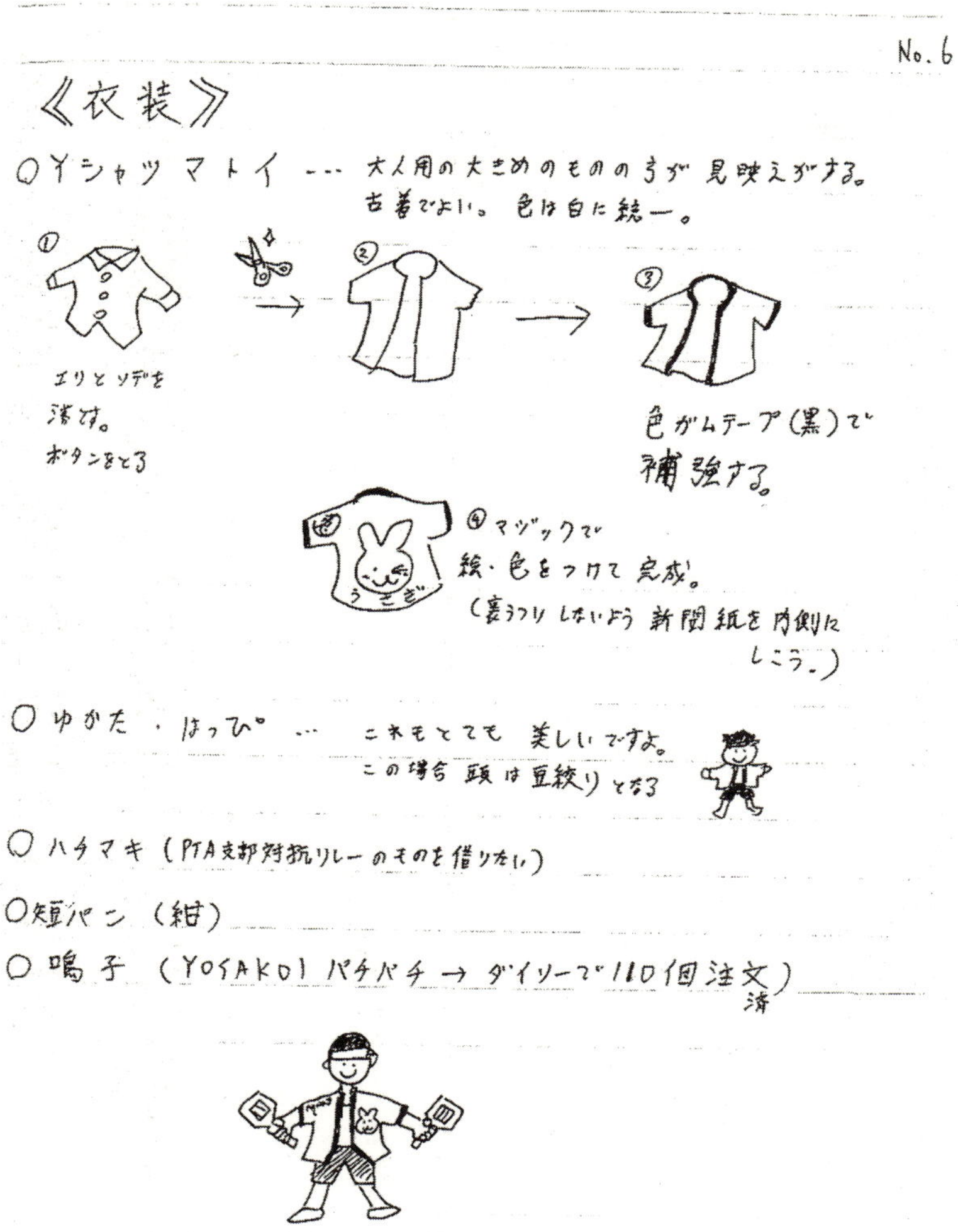

No.6
《衣装》
○Yシャツマトイ… 大人用の大きめのものの方が見映えがする。
古着でよい。色は白に統一。
エリとソデを落とす。
ボタンをとる

色ガムテープ(黒)で

(裏うつりしないよう新聞紙を内側に
○ゆかた・はっぴ… これもとても美しいですよ。
この場合頭は豆絞りとなる
○ハチマキ(PTA支部対抗リレーのものを借りたい)
○短パン(紺)
○鳴子(YOSAKOIパチパチ→ダイソーで110個注文)
済

No. 7

《隊形》１年○名、２年○名、３年○名　計○名

（うしろ）

○○○○	○○○○	○○○○	○○○○
○○○○	○○○○	○○○○	○○○○
○○○○	○○○○	○○○○	○○○○
３年	２年	１年	３年

（まえ）

※低学年なのでミニコーンを置いて列を整える。

《音楽》

入場「…………………」

表現「ＴＯＳＳ体育よさこいソーラン」

退場「…………………」

《保護者にお願いすること》

マトイ用のＹシャツの用意

当日、本番前の着替えの手伝い

隊形・音楽について（七ページ目）

低学年のためミニコーンを使って列を自分で確認できるようにした。保護者への依頼も加えて掲載した。

No. 8

《指導計画》

準備運動は、肩入れ→声出し→四股→ケンケンパを毎時間行う。

第１時　１２３番（櫓こぎ・バイバイの動き）

第２時　前奏

第３時　間奏１

第４時　間奏２

第５時　エンディング、通し練習

第６時　通し練習（鳴子を持たせる）

第７時　通し練習（後半、競技の練習）

第８時　通し練習（後半、競技の練習）

ポイント　①目線をそろえる　②手足を伸ばす
③声を出す　④腰を落とす（四股立ち）

八時間で完成することを目指している。

第七・八時は踊り込みを行った。後半の二十分は競技の練習、前半は入退場を加えたソーランの通し練習。

衣装は、各学の時間で作製するようにした。

三、保護者の理解と協力を得る

私は運動会のたびに次のような「運動会版　よさこいソーラン便り」を発行し、衣装について協力をお願いした。惜しみない協力が得られた。運動会に向けての期待も高

まってくるのが感じられた。連絡帳で応援のメッセージをたくさんいただいた。

YOSAKOI ソーランだより　　1・2・3年生　16．9．3　発行

今年度、低学年の団体種目は、「YOSAKOI ソーラン」を行います。
この運動を通して、すべての運動の基礎となるリズム感覚が身に付きます。
さらに、腹の底から声を出したりと力強い動きも身に付きます。
是非、運動会当日を楽しみにお待ち下さい。
そこで以下に、若干のお願いがございます。

「YOSAKOI ソーラン」衣装のお願い

YOSAKOI ソーランでは、手作りのマトイで踊ることを考えています。そこで

白いYシャツ（ブラウスも可です）がございましたら、お子様に持たせてあげて下さい。

なるべく大人用の大きなものの方が、かっこよいです。
もちろん古着や、もう着なくなったものでかまいません。
複数ございますとなお助かります。（けして無理はなさらないで下さい。）
どうぞご協力のほど、お願いいたします。

四、後片付け

①鳴子（学校の備品の場合）

学校の備品として購入すると毎年実施につながる。

私は、下記のような収納箇所一覧表を作成し、保管場所を決めた。これでいつでも使用可能である。

②マトイ（子どもから集めた場合）

子どもたちに持ち帰らせる。来年度作成に向けて写真を撮っておくとよい。

③ハチマキ（学校の備品の場合）

運動会後の翌週、用具の整理の時間がある。その際にまとめて洗濯して干してしまう。

運動会用具　収納箇所一覧（４年教材室）　H17．9．20

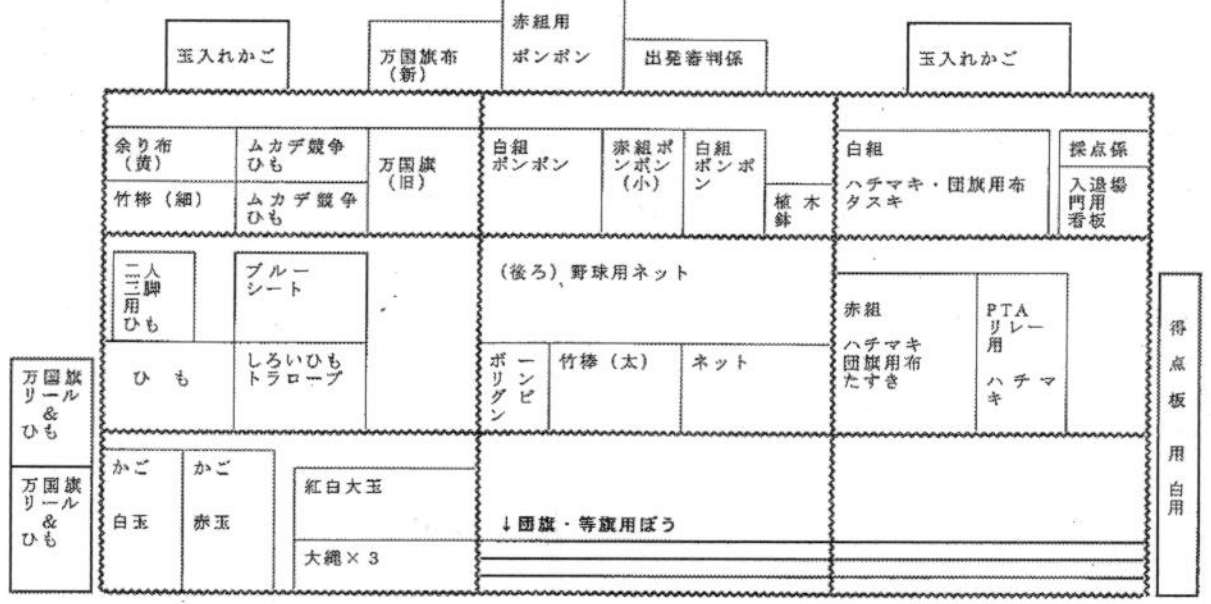

その他の収納箇所
体育倉庫（体育館）　→　入退場門用棒
体育倉庫（運動場）　→　大綱・小綱　外用マット
放送室　（旧校舎）　→　ポータブルアンプ　放送係用アンプ
　　　　　　　　　　　　移動式スピーカー
美化用具室　→　駐車場看板

体育授業でよさこいソーラン【幼稚園・保育所】

よさこいソーランでエネルギー完全燃焼！

宮城県仙台市立燕沢小学校　太田健二

一、幼児期でのよさこいソーラン

娘の幼稚園の運動会でよさこいソーランを見た。

率直に思ったのは、小学校低学年の運動会種目よりもかなりレベルが高いということである。低学年の運動会種目というと、かわいらしいダンスや玉入れなどが定番である。しかし、幼稚園児なりに気迫あふれる踊りを見て、小学校の運動会では、もっと高いレベルのことができるのではないかという思いを抱いた。私たち教師には、低学年の子どもたちに難しいものを要求するのは無理だという先入観がありがちである。しかし、そんなことはない。難しいものだからこそ子どもたちは燃えるのではないか。よさこいソーランの持つパワーは、子どもたちを引きつける。よさこいソーランには、何かがある。そのようにも感じた。

近年、集中力が欠如している、授業中に席を立ったり声を荒げたりする、すぐにムカつく、などの「小一プロブレム」といわれる問題がある。

子どもは本来エネルギーに満ちた存在である。エネルギーにあふれ、動かしたくてたまらないからだを、椅子に座ってじっとしていなさいと言われるのでは、子どもにとっては相当つらいことであるに違いない。

「小一プロブレム」の問題は、エネルギーを出しきれていないところに起こってくるのである。

完全に惜しみなくエネルギーを出しきるという経験を、幼児教育でも重視していくべきだと考える。

そのために、よさこいソーランはうってつけである。

エネルギーを出しきれば、それだけエネルギーの器は大きくなっていく。

エネルギーを出し惜しみしていると、最後まで本気を出さない癖がついてしまう。よさこいソーランを通して、エネルギーの完全な燃焼感というものを、幼少期にからだに刻み込むことが必要である。

からだにたまったエネルギーをよさこいソーランを踊ることによって放出する。その結果、心身に落ち着きが生まれるのである。

二、集中力のあるからだづくり

齋藤孝氏によれば、腰肚文化を再生することによって、集中力のあるからだ、中心感覚が育ってくるという。

よさこいソーランを踊ることで、集中力のあるからだになってくる。目いっぱいエネルギーを消費し、いい負荷がかかるからである。

子どもは大人が思うよりも、充分なエネルギーを持っている。ソーランを、子どものエネルギーの器を空にするまでやりきるのである。力を出しきって乗り越える体験が、子どもの自信につながっていく。

集中力のあるからだをつくるためには、他にどんな方法が考えられるか。

いきなりよさこいソーランを踊っても、十分に効果はあるだろう。しかし、ふだんの授業の中で、よさこいソーランにつながる動きを取り入れていれば、さらに効果が上がるのではないだろうか。いわばよさこいソーランの基礎技能である。

次のような方法が考えられるであろう。

●呼吸法

呼吸による集中である。三秒吸って、二秒止め、十五秒吐く。二十秒を一クールとして、一～二分続ける。十五秒吐き続けると脳は軽い酸欠となり、一瞬パニックとなる。すると、脳は酸素をたくさん取り込もうとして、からだをリセットするという。

臍下丹田を意識して行えば、さらに効果的である。臍から指三本分くらい下の部位に息を吸い込んでいくようなイメージで行う。

●自然体

自然体とはいえ、自然にできる姿勢ではない。背筋を伸ばして肩幅に足を開いて立つ。腰をしっかり入れ、臍の下あたりに軽く力を入れる。

座るときも同様である。椅子に深く腰かけ、一度腰を前に倒す。つまり、腰をしっかりと入れるのである。それから体を起こし、肩の力を抜く。

●肩入れ

四股立ちになって、手でひざを押し広げるようにしながら肩を内側に入れていく。イチローも打席に入る前に必ずこの動きをしている。

股関節には自律神経の束が入っており、伸ばしていくと気持ちがよくなっていく。これは肩に力が入る動きなので、本腰を入れるとか、腰を決めるとかいった作業の前に行うと、意識をクリアにして向かうことができるという。

●四股踏み

四股立ちの姿勢になり、しっかりと足の裏で地面をつかむ。持ち上げたら五秒キープし、しっかりと腰をおろして踏みしめる。

●足裏マッサージ

二人組で足の裏をマッサージする。

足の裏にはつぼが多く、刺激されると脳がはっきりとしてくる。意識をリラックスさせ、鮮明にする効果がある。

● 相撲

齋藤氏は、子どものからだにとって一番いい遊びのひとつとして、相撲を挙げている。

相撲は、相手の力と自分の力との一体感を感じることができる遊びである。他者と一体となる楽しさがある。

四股踏みや肩入れ、足裏で踏ん張る感覚なども自然な流れとしてできるので、からだも脳も活性化される。

相手と組み合う中で腰も決まり、下腹部に力が入り、踏ん張る感覚も身につく。娘の幼稚園でも相撲ブームが起きているという。男女関係なく、だれとでも組み合っている。相手との一体感を感じられる感覚が楽しいのであろう。

他者とかかわり、一体感を共有する点は、よさこいソーランにも通じる。

● 綱引き

綱を引くという動きは腰を入れて行う動きである。

また、綱引きは集団で息を合わせて行う遊びである。「ソーレ、ソーレ」と肚の底から声を出して行う。腰を十分に落とし、集団で息を合わせて力を込める。何十人もの力が一つのエネルギーとなる。

● 長縄跳び

長縄跳びも集中力のあるからだづくりに役立つという。

常に前の子どもが行っている状況とタイミングを認識し、縄のリズムに合わせて意識を持続させていくからである。

三、まねる力

よさこいソーランを幼稚園の子どもたちにどう教えるか。考えられるのは、「示範→活動→評価・評定」という流れである。

まずは、示範である。

ビデオやDVDを見せるのではなく、実際に教師が踊ってみせる。踊りの生み出す快感、その波動が直接的に伝わるからである。「ぜひやってみたい」という思いを抱き、すぐにでもまねをし始める子もいるだろう。

次に活動である。

活動は、主として「まねる」活動になるだろう。

教師が踊っているのを見て、まねる

のである。発問や指示も効果的な場面があるだろうが、まずはまねることである。

齋藤氏は、子どもたちに伝えたい力の根底にあるものとして「まねる力」を挙げている。技を盗む力とも言い換えられる。

現代教育の根本的な問題の一つとして、「教える―教えられる」という関係が中心になっていることがあると、齋藤氏は言う。技というのは、本来は盗まなければならないが、現状ではそのような機会はなく、知識を教え込もうとするので、まねる力・盗む力が育たない。そのため、全部教えてもらわないと、身動きの取れない人間を育ててしまっているという。

よさこいソーランの学習を通して、「まねる力」を身につけさせたい。

配慮したいのは、教師がどの向きで踊るかということである。

子どもたちと向かい合い、鏡のように左右対称に踊るということが考えられる。教師に見てもらえるので、子どもたちにとっても安心感がある。

しかし、これだけでは不十分である。教師が左右対称に踊っていても、特に「やっこさんのポーズ」のような回る場面になると、左右どちらに回っているのか混乱する子が出てくる。

その対策として、教師が後ろ姿を見せて踊る。これだと混乱は少ない。よさこいソーランを指導する際は、

> 向かい合わせで左右対称に踊る教師と、子どもと同じ向きで後ろ姿を見せて踊る教師

がいるとよい

最後は評価・評定である。

基本はほめて、ほめて、ほめまくり、子どもたち一人一人をのせ、ソーランの世界に引き込むことである。ほめられると子どもはのる。一人一人のエネルギーを結集させ、踊りにぶつけていくのである。

体育授業でよさこいソーラン【小学校】

全員踊れた、やんちゃが踊った！

栃木県藤岡町立赤麻小学校　山口浩彦

学習指導要領では、高学年で地域や学校の実態に応じて「リズムダンス」を加えて指導することができることを「内容の取り扱い」で示している。

小学校指導書・体育編には次のように書かれている。

> リズムダンスは、現代的なリズムに乗って、リズムの取り方や動き、相手との対応の仕方などを工夫して自由に踊るのが楽しいダンスであり、小学校では、軽快なロックやサンバなどのリズムに乗って弾んで踊る律動的な体験を中心に学習することが大切である。

よさこいソーランは、一般にもよく知られ、伝統的な踊りと現代的なリズムでつくられている。私の勤務している地域でも、毎年よさこい祭りが行われている。

体育の授業で学習したことを運動会で発表した。実践は五・六年生である。

一、教材選択

ＴＯＳＳ体育ソーランＭＬ（インターネットランド№.１２１６０２２　割石隆浩氏）に参加し、同時進行で指導を行った。このＭＬのよさは、ライブで指導法を学ぶことができることである。また、ＭＬを通して、テキストとＣＤを購入し、指導用のビデオも参考にしながら進めていった。

二、実践

①イメージさせる

子どもたちに踊りの場面をイメージさせる。ビデオを流しながら、スモールステップで指導をしていく。

> 肩幅の二倍に足を広げなさい。

目線は三メートル先を見なさい。

具体的な数値を出すことでイメージができていった。

②スモールステップ

動きを細分化して指導した。ケンパの指導は宮野正樹氏の指導を追試した。ケンパの動きが一番難しい。

- 右足だけのケンパ
- 左足だけのケンパ
- 右足・左足交互のケンパ
- 手をつけたケンパ

この順番で指導することにより、どの子もできるようになっていった。一度に指導すると手足が一緒になってしまう。

③個別評定

個別評定をしながら、全体を高めていく。私は、次の三点を評定した。

①顔の向き　②手の伸び　③足の動き

子どもたちを下の図のように四人一組にして横に並ばせる。そして、ローテーションシステムで個別評定をしていく。評定が終わったら一番後ろに並ぶ。それを繰り返した。五点満点で三点が合格とする。子どもたちは、友達の動きを見たりしながら、五点を目指し、何度でも挑戦してきた。体育館に鏡があるため、それを見ながら動きのチェックをしている子どももいた。

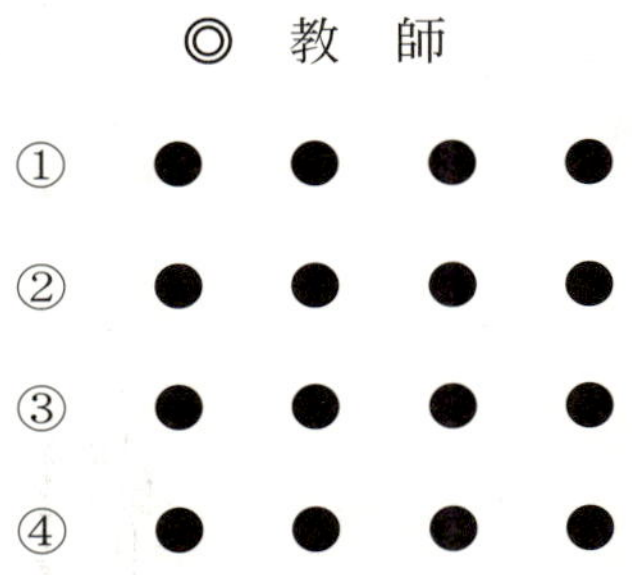

重要なのは、足の動き

足の動きができていれば、上半身は多少違っても踊れるようになってくる。

④物を持たせる

鳴子を持たせせた。一組二百円程度で教材屋さんから購入することができた。子どもたちに好きな色に塗らせる。鳴子を持たせたのは、すべての踊りを覚えた後である。鳴子を持たせてみると、それまで腕が伸びていなかった子の腕が伸びていく。ケンパもそろってきた。私は、子どもたちに指示をした。

鳴子の音をそろえなさい。

音を出そうとして腕に力が入り、それが腕を伸ばすことになる。音が合い、呼吸が合う。呼吸が合うということは動きが合うということにつながる。

根本正雄氏から次のように教えていただいた。

鳴子の音を通して自己評価ができるのです。教師による評定（評価）を通して一つ一つの動きを定着させ、最後は鳴子によって自己評価、相互評価をさせていくのです。鳴子の音を手がかりに自己修正ができます。つまり鳴子は動きを診断できるのです。みんなの鳴子と合わせようとするために、他者観察が始まります。他と同調しようとしてきます。心と動きが同調していきます。その同調は見ている参観者の心も同調させます。だから感動が生まれるのです。同調してくると一体感が生まれてきます。「みんなと一つになっている」という連帯感が生まれます。音がそろったとき、「みんなと一つになれた」という達成感が生まれます。みんなと同じ踊りを共有できた喜びが生まれるのです。

運動会前日。私は、子どもたち全員に力強く話した。

みんなの心を一つにしてお父さん、お母さんの心に鳴子を響かせよう。

三、児童の反応

運動会当日。多くの保護者から踊りの素晴らしさをほめていただいた。子どもたちも満足そうであった。表現運動というと高学年は恥ずかしさが出てしまう。しかし、このソーランはそれがない。休み時間にビデオを借りて自主的に練習する子どももいたほどだ。以下が子どもたちの感想である。

・最初はむずかしいと思っていたけれど、自分も踊れるようになりたいと思って一生懸命練習しました。踊っていて、とても楽しくなるので不思議だなあと思いました。運動会へ来てくれた人が、終わったとき、大きな拍手をくれたのでとてもうれしかったです。よさこいをやってよかったです。

・よさこいは、自分も元気になるし、ほかの人も楽しそうに見てくれたのですごくよかったです。最後のたくさんの拍手も心に残りました。おどってよかったです。

・お母さんには短い練習時間でよくできたねと言われました。近所に住んでいるおじいさん・おばあさんは元気がもらえたと言っていました。毎日練習して上手になりおどれるようになったんだなあと思いました。

運動会が終わってからは、グループをつくり自由に改良させた。基本ができているのでさまざまな踊りが考えられた。その動きを、卒業のお別れ会で発表した。いろいろな出し物の中で一番大きな拍手をもらった。

四、実践してみて

①踊りを楽しむこと
②互いのよさを認め合い協力すること
③グループの特徴を生かした表現や踊り

という学習のねらいに達することはできた。ソーランを通して、表現することの楽しさを体感させることができた。

短い時間であったが、全員踊れた。やんちゃな男の子が「もう一度みんなでおどりたい」と感想を書いてきた。

よさこいソーランは、子どもたちの心に残る力のある教材である。

体育授業でよさこいソーラン【中学校】

初めてのＴＯＳＳよさこいソーラン指導　逆転現象が起きた！

沖縄県沖縄東中学校　佐久間大輔

「あの小さい子、一番うまいよ」

体育祭本番が近づき、授業で踊りこみをしていたときに、ダンス指導のベテランである女性の先輩教師から言われた言葉である。しっかりと落とした腰や、止まるところと動かすところのキレ。クラスの先頭で自信を持って踊るＡ君の姿は「かっこいい」の一言に尽きる。しかし彼は決してクラスで目立つ存在ではなかった。

昨年担任したクラスにＡ君はいた。一番体が小さく、どこか自信なさげでおどおどしていた。特に足が速いわけでもなく、成績は本当に学年最下位のレベルだった。何かを一生懸命することもなくただ教室で静かにおとなしくしている生徒だった。

そのＡ君がＴＯＳＳよさこいソーランに夢中になった。体育の授業前には早く来て自主的に練習した。踊りを覚えるのも早かった。もともと素直な性格だったので言われることをそのまま吸収していった。そしてＡ君は学年でもトップクラスの踊り手となった。体育祭本番での体の小ささを感じさせないダイナミックな踊り。堂々とクラスの最前列でハッピを着て鳴子を握る。見に来たＡ君の母親は大変喜んだ。

・ＴＯＳＳ体育よさこいソーラン教え方ＤＶＤ（高学年用）

・ＴＯＳＳ体育よさこいソーランＣＤ

（いずれもＴＯＳＳ体育よさこいソーラン研究会）

・よさこいソーラン新ドリル　ＴＯＳＳ体育（根本正雄　企画／割石隆浩　著）

これだけをたよりに必死で指導した。

その中で生徒の踊りが変わり、手ごたえがあったことを三つ報告したい。

一、うまい生徒が最前列
二、声出しリレー
三、教師が授業の前の休み時間にＤＶＤを見ながら踊る

一、うまい生徒が最前列

四列時間差という踊りのパーツがあるので、体育祭本番の隊形は四列縦隊とした。前から見て最前列の四名は一番目立って、一番かっこいい。そして私が指導した一年生は借り物のハッピの数が足りず、一クラスあたり四名しかハッピを着ることができなかった。そこで

「前奏」
「一番」
「二番」
「間奏」
「三番」
「エンディング」

と踊りが一区切りするたびに最前列四名の入れ替えを行った。

踊りの上手さの基準をどうするかで悩んだ。最初は声、次に踊りの正確さ、最終的には、踊りの中で基本姿勢を保っているかで決めた。

また、この入れ替えの目的は、

意欲を高めること
緊張感を持たせること

である。

頑張って踊ったら高く評価されること、クラスの中で自分は踊りがどのくらいうまいのかということ、を実感させることができた。しかし基準を厳格に適用して入れ替えてしまうと意欲が落ちる生徒もいた。入れ替えを重ねることで、だれを前列にしてもおかしくないような、レベルの高いクラス全体の踊りができた。

二、声出しリレー

一緒に踊る友達を意識して大きな声を出すことができるようになる。

①「ハっ」リレー

四列横隊で並ばせる。座らせる。最前列を起立させる。前奏の「ハっ」の前の構えを最前列の生徒にさせる。教師から見て左から「ハっ」の掛け声とともにジャンプさせ、大の字（基本姿勢）をとらせる。

つづけて隣の生徒、隣の生徒と続けさせる。

横一列終わったら、その列を評定する。

元気がなかった生徒の数だけ減点する。私は一人あたり、一〇点減点した。三人元気がなかったから七〇点という具合である。

四列全部終わったら、変化のある繰り返しで練習させる。

教師から見て右からやらせる。クラス対抗でやらせる。

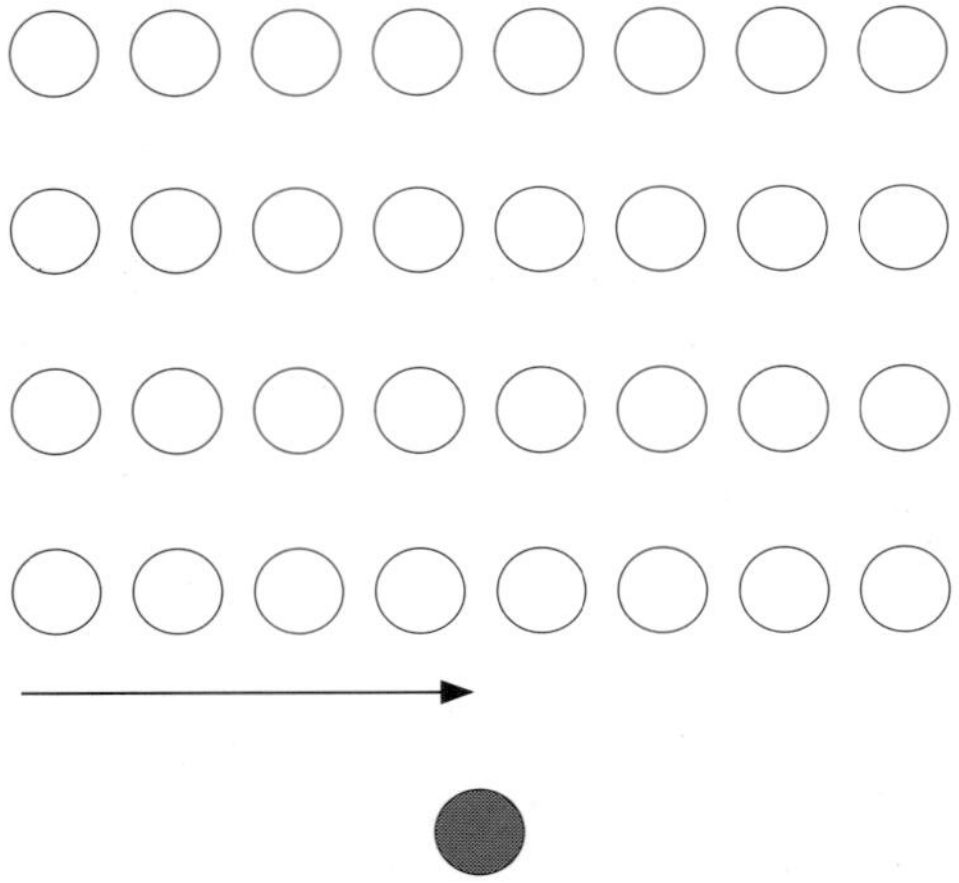

一人飛ばしでやらせる。（一人飛ばしで列の端まで行き、方向を逆に変えてまたやっていない生徒が一人飛ばしで声を出す）

②「ハイ、ハイ」リレー

波の踊りの次、「ハイ、ハイ」をリレーさせる。

③「どっこいしょ」リレー

扇のポーズの次、「どっこいしょ」をリレーさせる。

授業では踊りの順番どおりに、

①「ハッ」リレー
②「ハイ、ハイ」リレー
③「どっこいしょ」リレー

と進めた。

しかし、最初は全員ができる簡単なことから複雑なことへ、易から難へという流れを考えると、踊りの組み立てどおりに進めない方がよいと思われる。

ジャンプから一気に基本姿勢にもっていく「ハッ」よりも、足は動かず両腕を上から横に開くだけの「ハイ、ハイ」から始めるのがよい。声を出すときに必ず、基本姿勢「腰を落とし肚に力の入る姿勢」になっていることに、腰肚文化を意識した振り付けの奥深さを感じた。

三、教師が授業の前の休み時間にＤＶＤを見ながら踊る

初めてＴＯＳＳよさこいソーランのＤＶＤを見たとき、正直「難しい」と思った。本当に男子二七〇名に指導できるのか、体育祭に間に合うのか、不安でいっぱいになった。しかし、やるしかない。そこで私がやったことは、

「教師が少しだけ生徒の先を行く」

ことである。

授業の前の休み時間にＤＶＤを見ながら踊る。その授業で指導する踊りを予習する。早く着替えた生徒も一緒に踊ってくれる。一緒に踊ってくれる生徒がだんだん増えていく。そして始業のベルが鳴り、授業スタート。

このような流れでＴＯＳＳよさこいソーランの指導を進めていった。するといつの間にか私自身が踊りを覚えた。踊りを覚えると、今度はもっとかっこよく踊ろうと思った。そして、自信を持って踊ることができるようになった。

すると最初のころの、うまく教えることができるかどうかという不安も消えてしまった。これは、私自身がソーランを踊る楽しさを存分に味わっていたことによるものと思われる。それにも増して生徒たちの踊りや、出す声の大きさの変化に手ごたえを感じたことが私を支えてくれた。

学級イベント＝卒業行事でよさこいソーランを踊る

短い時間で踊りを完成させる

北海道札幌市立伏古北小学校
加藤真一

卒業行事でよさこいソーランを発表することにした。発表は謝恩会に行った。卒業生と保護者の方が一緒に卒業をお祝いする会である。小学校時代の思い出を振り返ったり、先生方からの話があったり、保護者の方からの出し物があったりと卒業をお祝いする。そしてその中にクラスの発表がある。それをよさこいソーランとし、クラス全員で踊った。

一、よさこいソーランが大好きな子どもたち

子どもたちはよさこいソーランの踊りが大好きであった。踊りのもっているかっこよさ、踊っているときの充実感、練習の成果を見てもらう期待感、どれもが子どもたちの心を揺さぶっている。

五年生の運動会で初めて挑戦したとき、中休みの時間にも進んで踊りの練習をしていた。手と足の動きが複雑になる場面でも繰り返し練習していた。

宿泊学習ではキャンプファイヤーのときに踊った。夜、火を囲んで踊ったよさこいソーランは、昼間に踊るのとは全く雰囲気が違い、幻想的であった。

六年生の運動会では、新しい踊りに挑戦した。網を引く踊りでは、膝を曲げ、腰を一気に落とす。足にかかる負担が大きく、翌日に筋肉痛を訴える子どもたちが大勢いた。一気に腰を落とし網引きを表現することで、踊りはよりかっこよくなる。この場面も繰り返し練習していた。

衣装にも少しこだわった。全員が黒色の服を着て踊った。これだけでも会場の雰囲気が盛り上がった。

よさこいソーランの魅力は、踊っているときの充実感もあるが、見てもらえる喜びも大きい。かっこいい踊りを見てもらえるのは、子どもたちに

とって大きな誇りになる。見てもらえることは練習時の大きな目標にもなる。

全体の隊形も意識して踊った。

縦並びの動きをそろえるだけでもすばらしく見栄えする。また、そろえようとすることで、自分の踊りにも自然と磨きがかかった。

よさこいソーランの魅力には、踊り子の統一された動きのかっこよさもある。全員の動きがぴったり一致することで生まれる一体感は、心を揺さぶる。

二、冬休みをはさんだ練習日程

卒業関連の取り組みで六年生の三学期は忙しい。よさこいソーランだけに多くの時間をかけることはできない。

また、勤務校では三学期の体育の内容はバスケットボールとスキーである。体育の授業ではこれらのことも行わなければならない。

しかし、子どもたちのよさこいソーランへの意欲は高い。これまでに踊った踊りを発表するか、新しい踊りにするか悩んだが、あえて新しい踊りに挑戦した。謝恩会での踊りは新しいものにした。

また、TOSS体育冬のセミナーとして踊りを公開することにした。一月二十四日がセミナーである。札幌の三学期は始まるのが遅い。三学期が始まってから練習したのでは間に合わない。

そこで冬休みをはさむが、冬休み前から練習を始めた。

短い時間で覚えられ、しかも見栄えのする踊りを選んだ。

まだ、このときにはTOSS体育ソーランのDVDはなかったが、TOSS体育ソーランの踊りの名手高橋真氏が考案したものを使用した。

シンプルな動きを組み合わせた踊りである。また、これまでに取り組んできた動きと似た内容もあり子どもたちも覚えやすい。ソーラン節のフレーズがわかりやすく入っている曲も選び、子どもたちの気持ちも盛り上がるものを選んだ。

高橋氏が考案した踊りは、基本的な八つの動きをマスターすれば踊れるものであったので、その基本の動きを冬休み前に練習した。

三、九回の練習で踊りを完成させる

短い時間で、より見栄えのする踊りをどのように指導するか。
子どもたちは過去二回の踊りの経験がある。
よさこいソーランに対しての意欲も高い。
ただし、練習時間が短く、冬休みをはさんでしまう。
私は、それを克服するために七つの方針を立てた。

① 教師がとにかく踊りを覚える。
② ビデオを使う。それは踊る人を後ろから撮影したもの。(休み時間など、子どもたちが自主的に練習するときにも活用できる)
③ 複雑な部分は細分化する。
④ 子どもの踊りを見るとき(評価するとき)は一点のみ(例えば、腕が伸びているか)とする。
⑤ 授業の前半の二十分を練習に使う。
⑥ とにかくほめる。
⑦ 踊り全体のポイント(大切な動き)を決めておく。そこに重点をおき、他の部分は軽く扱う。

冬休み前に五回の練習時間を設けた。
一回の練習は二十分間。その後通常の体育を行った。
一回目→完成した踊りを教師が実際に見せる。踊りの二つのパーツを練習する。
二回目→踊りの二つのパーツを練習する。
三回目→踊りの二つのパーツを練習する。

四回目↓踊りの二つのパーツを練習する。

合計四回の練習で、基本となる八つの動きを扱った。

パーツの踊りを練習するときは、声に合わせて動きを覚えた。例えば「開いて、閉じて、レッツゴー」「ウンパ、ウンパ、クルクルパッ」と動きに合った言葉を使った。

ただし、練習の後半には必ずその部分の音楽に合わせて踊った。

音楽に合わせることで、踊りの繰り返しを数えながら行うのではなく、曲に合わせて踊れるようになるためである。

そして、五回目の練習で、曲に合わせて通して踊った。

つなぎの簡単な踊りについては、この通しの練習のときに覚えさせた。基本的な踊りのパーツができていたので、つなぎの簡単な部分はすぐに覚えた。

ここまででほぼ完成である。半数近くの子が、休み時間でもビデオの前で練習していたので、実際はそれ以上の練習時間が使われているが、授業時間としては五回でほぼ動きを覚えることができた。

基本的なパーツを覚えて、ビデオを使うことで、子どもたちの習熟は早まった。子どもたちが進んで練習することで、仲間との一体感や、踊りができるようになっていく喜びを味わい、お互いの交流も生まれてきた。

冬休み明けの三学期は四回の練習を行った。

六回目と七回目の練習でこれまでの踊りを思い出し、確認した。

八回目の練習ではエンディングの踊りを覚え、最後の練習で一番難しい動きを扱った。この部分はＴＯＳＳ体育冬のセミナーで公開させていただいたが、手足の動き、スピードと難しい部分であったが、多くの子は短い時間でマスターすることができた。

謝恩会当日、多くの保護者の前で、子どもたちは自信を持ってよさこいソーランの踊りを発表することができた。

五、六年と二年間に三つの踊りを覚えた。よさこいソーランを三種類も踊ったことに保護者の方からは感謝の言葉をいただいた。

サークル活動 地域に広がるよさこいソーラン

千葉県公立小学校
臼井俊男

運動会等でよさこいソーランを踊ると、保護者から感動のコメントが寄せられる。そこから、社会体育だとか、地域のお祭りだとかに広げていける可能性は十分ある。

・地域の子供会
・地域の運動会
・地元の祭り
・社会体育のサークル

以上のようなところでよさこいソーランのニーズがある。そこで、どのようにかかわっていくか、事例を基に述べる。

事例一　「公民館行事でよさこいソーラン」

運動会でソーランをやった。とても好評であった。

運動会に触発されて、社会体育のバスケットボールを指導する方たちが、十月の地域の公民館行事でソーランをやろうということになった。

練習を始めたが、見よう見まねではうまくいかなかった。保護者では、腰落としのポイントとかを、どう指導していいかわからなかった。隊形移動もどうしたらいいかわからなかった。そこで、「先生助けてください」と声がかかった。

もともとバスケットをやっている子たちなので、運動神経はよかった。三時間で振り付けを覚えさせた。あとはバスケの練習の中でやってもらった。

たまにのぞきに行って、「テクニカルポイントをこのようにしてください」だとか、「入退場は太鼓を使うといいですよね」等、アドバイスをしながらやっていった。

公民館行事が好評で、市のチャリティーショーにも出場することになった。

地元の商店街の方から「ショーに出ないか」と声がかかった。

ショーの最初の方に踊ったところ好評で、アンコールがかかり、急遽午後の後半にも踊ることになった。

事例二　「地域の祭りでよさこいソーラン」

七月の全校集会、ＡＬＴとのお別れ会で「出し物をしてほしい」と校内で話があった。ちょうど体育の授業でよさこいソーランをやっていたので、それを行った。

その後、「地域のお祭りの子どもの出し物でよさこいソーランをやりたい」とクラスの保護者から話があった。教師は「喜んでお手伝いします」と答えた。夏休み中、プール指導の後など、地区の子どもが集まるときに指導をした。

地域の祭りで踊ったところ、たいへん好評で、地域の方やお年寄りからも喜んでいただいた。

実例　サークルを立ち上げるとき

一教師の発案で、祭りに出たり、発表会に行ったりするのは学校からＯＫは出ないと思われる。学校によっては伝統的に取り組んでいるところもある。そういったところは大丈夫であろう。また、学校全体の行事として行くのならば別だが、一教師が「参加したい」と思っていても校長の許可がなければ難しい。

また、教師主体ではリスクが多い。以下のようなリスクが考えられる。

- 児童の安全面　・予算面
- 場所取り　・練習計画
- 安全な移動の手段　・他の保護者への周知
- 保護者の分担、役割
- 祭り等参加の手続き
- 当日の企画、宿泊、予算→別の人→分掌

これらのリスクを考えると、教師主体では管理職からの許可が出にくい。

しかし、地域や保護者からの依頼であれば、「地域の人たちがやるなら、お手伝いぐらいはいいよ」と言われる。

教師から「やりたい」というのでなく、「地域の方から、よさこいソーランの指導の手伝いを頼まれたのですが」などと、軽いニュアンスで管理職にお願いするのがいいだろう。保護者からの依頼であれば、管理職もＯＫを出しやすい。

主体が保護者であることが重要である。保護者から学校に依頼をしてもらうのがいい。その方が教師もリスクが軽くなるし、管理職もあまり「いや」とは言えない。

①管理職に相談をするとき

管理職に「保護者から、よさこいソーランを教えてほしいとお願いが来ています」

と言う。

「つきましては、体育館をお借りすることと、私がお手伝いとして指導することは可能でしょうか」と話す。

私の市はで学校ボランティア制度があり、学校は保護者にふだんからお世話になっている。

「地域支援ボランティアとして私も出してください」

「地域の方のお手伝いをしたいのです」

「手弁当でやります」

このように地域の方からの依頼として話せば、私の場合は、校長から許可をいただけた。

②体育館を借りるとき

当然体育館を借りるにしても、教師が管理職にお願いするより保護者に言ってもらうとよい。

「私から言ってもいいんですが、○○さんから校長に言ってもらって、どの日が使えるか聞いてもらえますか。私はこの日が大丈夫なので、この日にしたらいいのではないでしょうか。バスケもこの日はないようなので。この話は、○○さんから校長に言ってもらえないでしょうか」などと、あくまで保護者主体で言ってもらう。

③指導するとき

運動会などを見てできそうだからと、見よう見まねでやってみようという保護者は多い。

しかし、やってみて一番多いのは、「結構難しくて、どう指導したらいいかわからない」という保護者の声である。そこで教師の出番である。このテキストを参考にしたり、DVDを見せたりしながらポイントを指導する。「やっぱり教師はすごいんだな」と保護者の信頼も得られる。

先の事例では、保護者の指導では、子どもたちが「ソーランをやりたくない」と言っていた。しかし、教師の指導が入ると「ソーランは楽しい」と子どもたちの意見も変わった。保護者も「やっぱり先生が指導するとちがうんですね」と言って、指導を任せてくれた。

④公民館・地域の祭りに出るとき

手続きには教師はタッチしないほうがいい。保護者に全部やっていただく。

しかし、保護者から教師に依頼される場合もあるだろう。そのときは、教師が計画を立て、保護者を通じて学校に依頼してもらう。

手続きとして、以下のようなことが考えられる。

・練習場所の確保
・練習計画
・安全な移動の手段
・用具の確保
・内外への周知徹底
・仕事の分担・負担
・出る祭り等への手続き
・お金を集める

ある程度の人数であったり、大きな祭り・大会に出たりする場合には、分業が必要である。

⑤その他

・文書等はつくらず、校内での連絡は、口頭で行う。
・主体は保護者としておく。指導・助言だけを教師が行う。
・児童の移動の手段や、用具の準備は保護者に行っていただく。纏の作り方は教えた。

地域のよさこいソーランサークルに参加しよう

学校とは別に、全国に地域のよさこいソーランサークルがある。札幌の祭りの参加をめざすサークルもあれば、公民館で仲良く踊るサークルもある。私も地域のサークルに参加している。

運営は、各サークルまちまちなので、ここでは取り上げられない。しかし、意見を交換したり、新たな踊りを作ったり、学ぶべき点は多い。市役所や公民館、地域の新聞やミニコミ誌などに問い合わせれば、どんなサークルがあるかわかる。学校と地域をつなぐためにも、ぜひ参加したり、見学したりすることをおすすめする。

また、校内のサークルで行う際も、地域のソーランのグループに相談することをおすすめする。結構話を聞いてくれて、「教えに行く」と言ってくれることも多いようだ。

地域イベント
練習時間三時間の「キッズ・ソーラン　ダンス」

富山県富山市立神通碧小学校
塩苅有紀

ステージから降りてきた子どもたちが小声で教えてくれた。

「先生！　おばあちゃんたち、泣いとったよ！」

私の勤務校の地域には「寿学級」という高齢者と小学校の一・二年生とが交流する機会がある。そこで一・二年生が「キッズ・ソーラン　ダンス」を発表したときのことである。参加していたお年寄りのみなさんが、子どもたちの「キッズ・ソーラン　ダンス」を見て、涙を流して喜んでくださったのだ。

（諸事情でよさこいソーランができなかったので「キッズ・ソーラン　ダンス」での実践を報告することをお許しいただきたい）

運動会後、学習発表会前という、行事がたてこんだ時期だったので、この発表の練習に多くの時間を割くことはできない。体育授業の三時間のみで仕上げるために、一番と二番の振り付けをやめて、最も簡単な三番の振りつけを三回繰り返すことにした。

一時間目　のってこない子どもたちを個別評定でやる気にさせる

何事も最初が肝心だ。

> これはね、病気の人も元気になっちゃう踊りです。みんなの踊りで、おじいさんおばあさんたちに元気になってもらいましょう。

と語ってから私が踊って見せた。

子どもたちからは、「すごーい」という声と「えー、やだぁ」という声が半々ぐらい聞こえた。「やだぁ」と言ったマイナス思考の半数の子どもたちを一気にのせなければならない。

まず、簡単なまねっこ遊びから始めた。

先生のまねをします。ハイッ。

「ハイッ」「ハイッ」と右の写真のように簡単なポーズをいくつかテンポよく示し、最後に一番下のまた割りポーズをした。いきなりだと抵抗感のある子もこの勢いにのってまた割りポーズをまねすることができた。

この後、最初の構えのポーズを教え、全員にさせた。

「構え！」

のそのそと動く。

「お、二〇点。もう一度。構え！」

さっと動くが数人遅れる。

「惜しい、六〇点。構え！」

ピッと動きがそろう。

「すばらしい、一〇〇点！」

このときにはもうほとんどの子が笑顔だ。

次の「波（見得）」の動きは伸ばす手と反対側から見得を切っていくのが一年生には難しい。個別評定した。

一人ずつ点数をつけていきます。三点で合格です。

四人ずつ並ばせ「二点、三点、二点、二点」というように向山型個別評定をしていった。合格した子は教師の後ろに座らせ、不合格だった子は列の後ろに並ばせ再挑戦させる。向山型は本当に子どもたちを熱中させる。さっきまで「えー」と言っていた子が「もう一回、もう一回」とせがんだ。

そのあと「網あげ」と「ドッコイショ、ドッコイショ、ソーラン、ソーラン」のサビの部分を練習した。「ドッコイショ、ドッコイショ」の部分は「つかんで、ひーく」「つかんで、ひーく」という声をかけながら行った。ここはとても疲れるので、「男子だけ」「女子だけ」「一年生」「二年生」と交代しながら練習して終えた。

二時間目　繰り返しの動きを覚え、音楽に合わせて踊る楽しさを味わわせる

最初に、前時に教えたサビ部分を個別評定した。「ドッコイショ、ドッコイショ」は手前の手、奥の手という順番に伸ばして網をつかむのだが、今回は時間がないので片手ずつつかむように動かしていればよしとした。

このとき、ふざけて、真剣に練習していない子がいた。当然しっかりできないのでなかなか合格しなかった。網をつかむ手を同時に出してしまうのである。三度、四度やって、とうとう最後、一人だけ残ってしまった。ほかの子どもたちが「あの子はちゃんと合格できるのだろうか」というような心配そうな顔で見ている。そこで、私はその子の後ろに回り、つかむ動作を補助した。すると「ひーく」の部分は自分でしっかりと腰を下ろすことができたのである。「四点！」と言うと、見ていた子どもたちから拍手が起こった。

やんちゃな子は、ふざけもするが、認められたとわかれば、がぜん張り切るものである。その後はふざけず一生懸命に踊っている姿がかわいらしかった。

次に「ヤーレンソーラン」の部分を教えた。櫓をこぐ動きである。以前に別の学校で取り組んだときは動きがそろいにくかったのだが、今回は「押して、引いて」「押して、引いて」と言葉がけするとすんなりとできた。

その後、三番の歌詞の振り付けを教えた。

本当は子どもたちを半分に分け左右対称の動きをさせるのだが、時間がないのでこれもやめてみんな同じ方向に動くことにした。「おどれ、ソーラン」の部分は「ぐるーん、パッ」と、「かけごえあわせ、あげろ大漁の祝い旗」の部分は「ジャンプー、ジャンプー、ジャンプー、ジャンプー、前前前前」と言葉がけした。ここはそれほど難しくない。

「チョイ、ヤサ、エーーンヤーーーーーン」の部分は、「壁押し、壁押し、壁押し、……」という言葉で踊った。はじめは、手と反対側の方を押す動きができない子がいたが、何度か繰り返すとほぼできるようになった。今思うと、「ひねって、ひねって」という言葉をかけたらすんなりとできたかもしれない。

これでほとんどの振り付けが終わった。

> 音楽に合わせて踊ってみましょう。まだ振り付けをしていないところは休憩していていいですよ。

最初から通して踊ってみたが、最後のフレーズのところを教えていないので「続きは？」「最後は？」と子どもたちにせがまれた。音楽に合わせて踊ると楽しくなって、早く全部の振り付けを覚えて踊りたくなるのだ。

三時間目　最後のクライマックスを最大限に盛り上げる

いよいよ間奏部分と最後のフレーズの振り付けである。

間奏は「一、二、三、四、パンチ、パンチ」と二回繰り返し、「左！」「右！」の順に足を前に出す。両手を上に広げて片足を前に出すので、「神様、大漁ありがとう！という気持ちで！」と声がけすると、子どもたちは自然と笑顔になって踊っていた。

最後の掛け声「ソーラン、ソーラン、ヤァ！」は学年ごとに評定をした。するとどちらも負けまいと声を張り上げる。「すごい。これなら、おじいちゃんおばあちゃんたちも元気が出てくるよ」とほめた。一番盛り上がるところをバッチリ決めることができた。

最後に通して踊った後の子どもたちの満足そうな顔が忘れられない。

新教材用ソーラン「SAMURAI」

DVDを使ったエクササイズの指導ポイント！

北海道札幌市立幌南小学校
宮野正樹

一、何から見せるか

二人で一緒に踊っているものを最初に見せる。そうすることによって、子どもは踊りの全体像をつかむことができる。

また、教師が説明しなくとも、子どもから「二人の人が違う踊りをしていたが、学年をどのように分けるのか」といった質問も出てくることが考えられる。

こうした質問をきっかけに、後の練習計画を子どもと一緒に立てることができる。

二、踊りの最初の指導～立ち方～

ＤＶＤのよさは、見せたいところをすぐに見せられることである。たとえ早送りや巻き戻しをしたとしても、その時間は、ビデオの比ではない。

ＤＶＤを使って一番初めに指導することは、立ち方である。どのような立ち方がいいのか、その具体例を示すのである。この立ち方ができれば、後の踊りの指導がスムーズになる。子どもにとって難しいのは、腰を落とすことよりも、実は足を開くことである。放っておけば、すぐに足は閉じてしまう。

ＤＶＤを見せながら言う。

> 「両足を肩幅の二倍に開きます」
> 「足は開けば開くほどかっこいいのです」
> 「胸にいっぱい息をためるのです。そうすると、背中がピーンと伸びます」

ここで、足の開き方だけ、列ごとに評定する。

さらに、一言付け加える。

「あごを少しだけ引くと、力強くなります」

三、どの踊りから指導するか

踊りの指導は、三番から指導するのがよい。

つまり、全員同じ踊りをするところから指導するのである。最初から漁師の踊りと波の踊りに分かれて指導する方法もあるが、それができるのは、DVDを使える機器が二つ同時に動かせることと、メインとして指導できる教師が二人以上いるときだけである。決してやってはならないのは、

> 一方を教えているときに、一方を座らせて待たせる指導

である。

こんな指導をしたら、子どもは一度でよさこいソーランが嫌いになる。

三番の踊りの指導は、六カウントずつの区切りになっているので、六カウントごとに区切って見せる。見せてやらせるということを繰り返すのである。

見せるのは、ミラーバーションがよい。左右反転を考えずに、そのままそのとおりにやればよいからだ。

特に向きが変わる動きについては、コマ送り再生を取り入れて見せてやる。そうすることで、子どもは動きの助走部分の動き（次の動きに入るために行う反動をつくるための動き）が、見えてくるはずである。

四、見えない部分の指導ポイント

踊りの指導ポイントとして、DVDを使う場合にも、DVDを使わない場合にも、はずせない三つのポイントがある。

それは、①腕の伸ばし、②へその位置と向き、③顔の向きである。

> ①腕の伸ばしは、どのくらい伸ばせばよいかということが、指導のポイントになる。

「腕を棒のようにピーンと伸ばす」
「肘を決して曲げない」
「腕を耳につける」
「前からくる壁を押す」
「重たいものを放り投げるように」

DVDだけでは伝わらない、こうしたイメージ語こそ、踊りに力強さが増す指導ポイントである。DVDは、実

はこの部分が子どもに伝わりづらい。形だけは伝わるが、どのくらい伸ばすか、伸ばすためにどのくらい力を入れるのかは、子どもには映像だけでは見えないのである。

②へその位置と向きとは、どのくらいの位置にすればよいのか、向きはどちらなのかということである。

特に、へその向きは重要である。

〈へその位置〉

「へそは足と足の真ん中におきます」

「ちょうど前の膝の高さぐらいにします」

「横に平行移動します」

〈へその向き〉

「へそは足のつま先が向いている方にします」

「へそをグラウンドの方に向けます」

「へそで扇形を書くように」

へその位置や向きによって、腰の高さが変わってくる。足の開きがしっかりしていれば、へその位置や向きを変えるだけで、子どもの動きは低く安定したものになる。

「腰を落とせ」と言わずとも。

DVDでは、それぞれのコマを止めて、右記の言葉で指示を出していく。そうすることで、子どもの着眼点が焦点化される。

③顔の向きとは、どのタイミングでどちらを向くのかということである。

私は、十年よさこいの指導をしていて、一番大切だと感じているのは、この顔の向きの指導である。踊りが形になっていなくても、顔の向きがそろっているだけで、踊りの迫力は増す。いや、見ている側に伝わる何かがあるといった方が正しいであろう。それほどまでに、顔の向きは重要なのである。

左の動きの中で重要な顔の動きは、次の三つである。

①一気に左斜め後ろに向ける。「左の背中を見よ」と伝えるとよい。

②一気に左斜め前に顔を向ける。

③左斜め前に手が追いついたら、あとは指先を顔で追いかける。

①

②

③

④

顔の向きには二種類あるということを念頭に、区別して指導してほしい。
ひとつは、動きを追いかけるということ。
もうひとつは、動きの先を行くということ。

動きを追いかけるとは、動きと同時に、顔の向きを変えることである。

上の図では、後ろに体をひねると同時にそちらの方向へ顔を向けている。さらに次の動きの下の図では、正面に手を押し出すと同時にそちらの方に顔を向けている。一度正面から顔が消えることによって、下の図の押し出すときの正面を向く顔が印象的になる。

動きの先を行くとは、動く方向へ、顔の向きだけ先に変えることである。

上の図は、一番の振りである。腕を大きく回して決めのポーズをしている。このときには、顔の向きは、へその向きと同じになっている。しかし、下の図では、顔だけが正面を向いている。その後、へそを下に徐々に落としていくのだが、あくまで、顔だけ向きを変え、

その後にへそを下におろすのである。

これが同時だったら、見ている側の印象は全く違うものになる。一瞬で、顔だけが正面を向くことで、統一感が増し、次の動きである徐々にへそを下におろすという動きが力強くなるのだ。

よさこいソーランの生徒組織づくり

春日部中学校の取り組みについて

埼玉県春日部市立春日部中学校
酒井一好

平成十四年の三年生を送る会からスタートしたソーラン。最初は一部有志のみの活動であったが、今では全校規模にまで膨れあがった。太鼓とともに大声で元気に踊る姿は、中学生として無限の可能性を感じさせる。体育祭、新入生対面式、離任式、三年生を送る会、オーストラリアとの交換留学での発表、そして修学旅行と数多くの場で踊りを披露した春中生。その活動の一部ではあるが、これからできる限りを紹介したい。

願い

・生徒に夢と希望を持たせたい
・生徒に自信と誇りを持たせたい
・生徒同士の絆や団結をはぐくむための活動を行いたい

あっという間の中学三年間。それをかけがえのないものとして、感動あふれる涙の卒業式を迎えたい。そのために本校では合唱を一つの柱として取り組んでいた。さらなる飛躍を願い、ソーランがスタートした。合唱とソーランの魅力とは、ひとつの目標に向かって学年・学校全体で活動できるということである。それは仲間との絆が深まる活動として大変効果がある。

「共に過ごす時間の量」×「共に流した汗の量」＝「感動と達成感」

踊りや合唱は「目標」や「成果」が明確であり、練習をしなければ絶対に感動的で、達成感のあるものにはならない。ただしこの達成感を味わうためには、ただ時間をかけてやればいいのではない。中学生には明確な具体的目標が必要である。例えば、一年生ではかっこいい三年生と一緒に踊ろう（体育祭）、二年生では三年生に感謝の気持ちとこれからの学校はまかせてくださいという決意を表現しよう（三年生を送る会）、

三年生では新入生の目を輝かさせよう（対面式）、自分たちの成果を思う存分発揮しよう（修学旅行）、などである。上手に踊る前に、なぜソーランを今やるのか、今何を求められているのか、何を行えばよいのかという明確な行動目標が必要である。教師が語ることにより生徒が夢と希望を持ち、「踊りたい！」という気持ちを持ち、やってみて「できた」という成功体験がさらに深まり「この仲間と踊りたい」へとつながっていくと思う。

自己表現の解放

中学生にとって体を動かし、汗を流すことは気持ちのいいことである。自己表現の欲求は声を出すこと、体を動かすことにより解放ができる。また一緒に声を出すことで、集団としての連帯感が得られる。そうした効果を存分に発揮できるのが「ソーラン」である。また、三年生を送る会ではその子の表現レベルに合わせた発表が実現できる。これは大変効果的である。踊りの苦手な生徒でも参加でき、全員で創り上げるという連帯感は集団をかけがえのない仲間に育てていくからである。自分の特性を知り、集団に何が与えられるか考え行動する。だれもが主役であり、全員必要な仲間であるという取り組みをしたい。

さあ、始めよう

練習するために必要なものは？　一番は憧れであり、自分たちもこうなりたいという夢や希望である。そこから「自らやる」という活動が生まれる。先輩の踊る姿、今までの活動のダイジェスト版などが効果的である。私の所属する学年は、入学して約一週間後に行われる宿泊学習でさっそく実施した。行きのバスで先輩たちの活動ビデオを鑑賞。「かっこいい！」と目を輝かせバスを降りる新入生。意欲に燃えているそのとき、すぐに活動を始めるのである。まさに鉄は熱いうちに打て！

さてそれでは練習にはどんなものが必要だろうか。春中では次のものを確保し、生徒の活動を保障する。

時間の確保

・取り組み期間、休み時間、集会など

機材の確保

・ＭＤ（一曲を一番二番などパートごとに切っておくと便利。全体練習に向いている）

カセットテープ（各クラスに配布）、ＣＤ（踊りの振動で音が飛ぶので不適）、ラジカセ（各クラス）

人（リーダー）の確保（踊りの伝達と見本、準備・片付け、声かけ）

場所（空間）の確保

踊り表　①振り付け表（全員）

②立ち位置表（全員）

こうして準備が整ったら踊りに入る。前述したとおり、ただ上手に踊ることのみを追求すると効果が薄れる。春中では学年として、学校としての自信と誇りをねらいとしているからである。したがって、「今回はなぜソーランをやるのか？」「この時間に何を求めるのか？」「どんな踊りができれば合格なのか？」こうしたことを語り、心を育てることが大切である。

生徒組織をつくる

体育祭のときの活動組織を例にすると、クラス単位で練習を進めるため、各クラスごとにリーダーを置く。

ソーランボランティアスタッフ（希望者）募集

←　各クラス踊りのリーダー（男女各一名）

←　各クラス踊りのサブリーダー（男女問わず二名）

←　・各クラス四名のリーダーが存在するため十人以下の小グループ練習も可。クラスや全体練習ではみんなの踊り（特に直線になっているか、手の角度）などを指導する。

体育祭での取り組み

全校生徒千人でソーランを踊る。基本的には授業時間に練習はできないので、昼休みを利用して練習をする。まずリーダー研修を行い、踊りを伝える。その後リーダーからクラス練習に移る。また昼休みは廊下や階段踊り場を利用しているので、クラス関係なく生徒たちは踊っている。覚えきっていない者は教室内で秘密の特訓をし、確認し合っている。上級生から後輩へ踊りを指導する期間もある。だいたい踊りがわかったら、昼休みや放課後二十分程度時間をとり、全体の決めポーズの確認などを実施する。また学年で集会を週一時間とってもらい、列、手の高さ、目線、腰の高さ、声を出すところ、時間差になるところをクラスのリーダーとともにそろえる。太鼓は音楽科の職員とともに協力して進める。これはさすがに放課後の居残り練習が必要である。

全体では「心を合わせるかっこよさ」を追求して練習を進める。

三年生を送る会

学年での取り組みが中心となる。よさこいソーラン祭りでの曲などを参考に踊る。学年全員参加をねらいとし、メインダンサー、サブダンサー、バックダンサーと約三百人を振り分ける。踊りが苦手な生徒は、舞台演出、音響・照明・大道具の仕事に就く。取り組み期間を一か月とり、体育祭と同じようにリーダー研修を行い進めていく。

全体では三年生が喜んでもらえるよう、「全力」で取り組む姿が伝わるよう練習を進める。

修学旅行

三年間の集大成として行おうと生徒に呼びかけ企画され、平成十六年度に実施された。京都、大阪といろいろ調査したが、最終的に奈良にある「バサラ祭り」実行委員長の魚谷和良氏の援助と、奈良薬師寺の協力により実現した。体育祭の取り組み期間がリンクし、踊りの練習は一か月、衣装作成二週間とかなりの時間をかけた。また、当日はバサラ祭り実行委員スタッフの方々が、ボランティアで会場作りや司会などにご協力いただき大変助かった。当日使用する太鼓は空輸し、薬師寺で保管していただいた。生徒は当日昼より奈良公園見学を行い、その間に会場に太鼓・ポイントを設置、音響機器の準備を行った。薬師寺到着後見学、講話をいただき、その後夕方三年生を送る会、体育祭で踊ったよさこいソーランを含めた二曲を披露した。そろいのハッピには思い思いの文字が手作りで背中に刻まれていた（美術科の協力で制作）。寺社が、見学する場所から新しい自分と出会う場所としての役割を果たしてくれ、大成功に終わった。

その他の活動

①宿泊学習

入学後すぐに行われる行事。バスに乗車したら先輩たちのビデオを視聴し、希望を持たせる。自分たちもやりたいと思わせる（行く前に、簡単に一番のみの振り付けを、リーダー研修一時間、全体練習一時間行っている）。宿泊学習の中では踊りの質よりも「元気」に声を出せること、どのクラスが一番「協力」して踊りを伝え合っているか、を求めた。そしてみんなでやることにより、踊ることは恥ずかしいことではなく、元気に声を出せば気持ちのいいことだということが伝わっていった。さらに一番のみでも最後まで行えたことをほめた。時間的には二日間で二時間程度実施した。無邪気な一年生ということもあり、中学生特有の「踊るのは恥ずかしい」という気持ちが取り除かれ、今後の活動に大変効果があった。

②離任式

お世話になった先生方に、自分たちの元気を分けてあげますというコンセプトで実施した。そこで元気に声を出すことを第一のポイントにおいた。また学年の絆を見せることも目標として掲げ、列・手の角度・腰の低さが一緒になるよう声をかけ合った。実行委員や体育委員を中心に昼休みを利用し約二週間練習を行った。このように部分練習は各クラスに任せ、集会（一・五時間実施）や昼休みの合同練習で全体の動きの確認を行った。

最後に

教育活動の中でクラス・学年・学校全体という集団活動として実施する場合、「希望を持たせ→自信を持たせ→誇りを持たせる」よう段階を経て活動していきたい。有志とはまた違う集団であるため、時間をかけ三年間を見通し取り組んでいきたい。

「希望・憧れを持つ」

先輩の活動を直接見る。今までのダイジェスト版を見る。

←

自分たちもやってみたい。

←

やらされるのではなく、自らやる活動へ転換。

「自信を持つ」

一番だけの振り付けでも全部踊れるという成功体験をさせる。

←

自分分たちにもできた、できるという自信。

「誇りが育つ」

三年間を見通し、継続して実施する。

チャンス指導を生かす（行事や保護者会での発表）。

←

喜んでもらえた満足感。

練習の成果が出た発表だという成就感。

最後に、こうした取り組みはみんなが協力し合い、理解し合うことが大切である。

今までかかわってきた先生方、保護者、地域の方々にこの場をかりてお礼を申し上げたい。

北海道

地域も保護者もひとつになれる「よさこいソーラン」

北海道石狩市立紅南小学校　加藤悦雄

地域には躍動感のある郷土芸能がなかった。近隣の町村も同じ状況。盆踊りは悠長なリズムと大人趣味の内容だったので、子どもたちはあまり乗り気でない。そのなかで、「よさこいソーラン」は子どもたちの心の中に入り込んだ。子どもたちは、一時間ごとの練習で上手になる実感を感じながら、どんどんその躍動感あるリズムに身体を動かしていった。練習時間も指導法ができあがっているから、余計な時間を使うこともない。同じところを何回もやり直しをしない。指導者も子どもたちも効率よく進められる。低学年は、手の曲げ伸ばしがきちんとできなかったり、テンポが狂ったりするときもある。しかし、そんなときは高学年の子どもたちが優しく教えてあげる。そのことは、子どもの口から保護者の耳へ入る。買い物で会ったりすると「よさこい」の練習のことが話題になる。話したことのない保護者同士が「よさこい」で連携していく。そうして迎える運動会当日。「よさこいソーラン」は午後の一番目だ。家族との楽しいお弁当の時間を早々に切り上げ、法被に着替えて、保護者が思い思いに「よさこいメーク」する。豆絞りを絞り上げ、鳴子を持てば準備完了。子どもたちにも会場にも独特の雰囲気が漂う。風の音しか聞こえない中で子どもたちがグラウンドに散る。そして躍動感あるリズムとともに踊り始める子どもたち。それを大きな拍手とかけ声で応援する地域の人や保護者。一曲終わって肩で大きく息をする子どもたちに「アンコール」の連続。子どもたちは「踊りたい」という。そのころは飛び込み参加の地域の方も入って興奮は最高潮に。決めのポーズでカメラタイム。「おひねり」が飛び交っていた。今年も大成功！

北海道

ＴＯＳＳ体育よさこいソーランＤＶＤの威力

北海道北見市立小泉小学校　池田　潤

私は、自分が担当した学年で、運動会や学芸会で、できる限りよさこいソーランに取り組んでいる。

もちろん、ＴＯＳＳ体育よさこいソーランの踊りを指導する。

学年で取り組むときは、次の手順で行っている。

> ①　よさこいソーランに取り組んでみないかと学年団に持ちかける。
> ②　先生方にＴＯＳＳ体育よさこいソーランＤＶＤを見てもらう。
> ③　指導のポイントを学年団の先生方と確認する。

これで、ほとんど同じ学年の先生方は納得し、共に子どもたちを指導し、感動の踊りを創り上げることができた。

特に、ＴＯＳＳ体育よさこいソーラン研究会で作成されたＤＶＤの効果はすごい。

ＤＶＤを見せるだけで、先生方には指導のポイントがわかり、さらに、教師が踊れなくても子どもたちにそのまま見せるだけで、踊れるようになる。

実際に、子どもたちの踊りが完成したときは、子どもが感動し、教師も子どもの姿に感動する。そして、よさこいソーランの持つ教材の力と指導方法を学ぶことができる。

山形

心をひとつに動きをひとつによさこいソーラン

山形県酒田市立内郷小学校　堀　健一

五年生、十七名が内郷小学校の学習発表会の場で保護者、地域の方の前で発表した。踊りは、「南中ソーラン」である。

たった、五分間のステージであったが、他学年の発表を圧倒した。子どもたちの迫真の演技に、保護者は涙を浮かべて感動していた。

動きをひとつにすることにより、心がひとつになり、クラスのまとまりをさらに強めたい。そんな担任の願いからよさこいソーランに取り組んでみることにした。張りのある声と、きびきびとした力強い動きが必要不可欠になる。子どもたちにとっては非日常的な発声と動きではあるが、踊りの格好よさと仲間と一緒にやることにより、大変さを乗り越えていく。

教師主導の全体練習のほかに、グループでの自主練習を仕組むと、踊りをそろえようという気持ちがさらに強くなる。グループでのコミュニケーションも盛んになり、人間関係が深くなるきっかけとなる。ステージが成功したときは、担任している子どもたちが少し大人になったなと感じた。

神奈川

一年生でも踊れた！　感動のよさこいソーラン

神奈川県川崎市立上作延小学校　井坂広輝

昨年、私のクラスの一年生で、よさこいソーランに取り組んだ。一年生で踊れるのかと思ったが、私もこのよさこいソーランをやらせたいと思い、ビデオを見せた。音楽がかかった瞬間から、何名かの子どもたちが踊りだした。「ハッ」「どっこいしょ」の声を出すところが特に気に入ったらしい。昼休みなど音楽を流して、ほとんど全員が初日から取り組んだ。

①前奏部分の指導

「両足を肩幅の二倍に広げます」

ここで、まず個別評定。「よし」「上手」「惜しい」など声かけしていった。

「両手をそろえてゆっくり天井に上げていきます」

一時一事で指導した。次に、スピードに変化をつけていった。一回目はゆっくり、二回目は、一回目より少し速く。三回目は、曲のスピードに近い形で。

②ケンパの指導

まず、足だけで「ケンパ、ケンパ、ケン。ケン、パ」と声を出しながら練習した。三回繰り返した。次に、手の動きだけ取り組んだ。「パンチ、パー、パンチ、パー、パンチ、パンチ、パンチ、パー」と声を出して行う。そして、手と足でゆっくり行う。だんだんとスピードを上げていく。前奏とケンパの部分の取り組みだけ今回紹介する。

今年、新よさこいソーランの踊りを自分がまず覚えて、運動会で披露したい。

埼玉

やる者も見る者も魂を揺さぶられる、TOSSよさこいソーラン

埼玉県秩父市立高篠中学校　長谷川博之

「そして当日。手作りのハッピ、背中の文字がとても輝いていました。M君の『高中ソーラン！』の元気なかけ声とともに、みんなが走って来て、整列し、音楽がかかると、自然に涙が出て来ました。皆の真剣な表情はとても心を打ちました」

三年生を送る会の翌日、荒れた三年生の女子がくれた手紙の一部だ。

「ソーランは初めて高中でやったこと。そして、ソーランで涙を流してくれた先輩がいたこと。平成十八年三月十日にやったこと。一生わすれられない、楽しい思い出になる」

学級の女子が書いた。全員が「やってよかった」と長文の感想をつづった。

十数年来荒れていると評判の勤務校を生徒の手で変える、その第一歩がこのよさこいソーランであること。生きるとは自分を表現することであること。今年成功すれば来年はさらによいものが生まれること。それらを繰り返し語り、TOSSの書籍と指導DVDとを用いて練習に熱中した。直前までやる気を見せず練習でもふてくされて帰っていた男子が、前日の夕方と当日の朝、私と共に自主練習をし、本番に臨んだ。終了後、彼は「一年の最後に学年で一つのことができてよかった」と書いた。二年の男子は、「やばい。一年に抜かれる」とつぶやいた。保護者からも「ぜひ見たい」という熱烈なリクエストが相次いだ。

あのパワフルな踊りが一年生の魂を燃え上がらせ、真剣な立ち居ふるまいと固い団結とを生み出した。彼らの迫真の演技が二、三年生の魂をも揺さぶり、送る会後すぐに、「生徒の手で学校を変える」という方針が打ち出された。よさこいソーランの威力は計り知れない。

茨城

自虐的行動をするA男が変わった！

茨城県神栖市立軽野小学校　桑原和彦

A男は自虐的行動をする子だ。何かうまくいかないことがあると自分の頭を手でボコボコと殴ったり、机や壁にたたき付けたりする。両親を幼いころに亡くし祖父母に厳しくしつけられてきた。私が四年生のときに担任した。安定した一年を過ごし、来年は特別指導も必要ないと校内指導委員会でも決定した。しかし、六年生になりまた前述の傾向が校内で見られるようになってきた。そんなA男を含む六年生と、担任している五年生とで合同の『運動会ダンス』を取り組むことになった。阿波踊りで自信をつけたA男は、難しい振り付けにも果敢に取り組んでいた。特に、『波（ジェットコースター）』の部分は、何度も何度も繰り返し練習し、「先生、こう？」と聞いてマスターした。その真剣な表情は、忘れられない。

また、よさこいソーランは腰腹文化を復活させ、子どもたちに失われつつある身体感覚を身につけさせる踊りである。よさこいソーランを踊ることで、特に背中がスッと伸び姿勢がよくなった。それまで、廊下ですれ違うと背中を丸め沈みがちであったA男が、胸を張って歩く姿に変容した。もちろんよさこいソーラン以外にも彼の行動を変えたことがあるのだろうが、少なからずよさこいソーランの経験が影響していると感じた。

TOSS体育よさこいソーランは失われつつある腰腹文化を身につけさせる踊りである。腹の底からの実感。TOSSの実践を忠実に取り組む重要性を強く感じた。

栃木

引き継がれていく鳴子が、新しい伝統をつくりあげる

ＴＯＳＳ栃木　松崎　力

「アンコール。アンコール」と、会場は異様な熱気に包まれた。運動会の演技で、アンコールの要請が来たのは、今までで一度もなかった。それほどまでに子どもたちの「よさこいソーラン」は、見ている保護者・地域の方々、そしてＰＴＡの役員たちの心を打つものだった。

山間の小さな学校の実践である。各学年、人数が少ないので、四年生から六年生までのブロック単位での演技になってしまう。子どもたちの手に持つ鳴子の音が山間に響き渡り、人数以上の迫力を出す。鳴子は、どうしても欠かせない道具であり、担当学年の学年費で購入しようと考えた。しかし、学年の予算は限られており、わずかな予算を鳴子だけに回すことに難色を示す担任もいる。そこで、学校予算で購入してもらえないか、管理職にお願いをした。子どもの人数分である。かなりの高額になる。あきらめていたが、条件付きでＯＫが出た。「購入した鳴子は、学校管理として毎年使用すること」である。ということは、今後ずっと「よさこいソーラン」を行うことができるのである。ありがたかった。

低学年は、高学年の演技を見て覚える。それが、いつか自分も踊りたいという憧れになる。毎年踊るのであるから、高学年の練習時間も短縮できる。引き継がれていく鳴子が傷んでくると、子どもたちは自分でボンドを出して修理をする。鳴子への愛着が、物を大切にする心を育てる。さらに、その年使用した鳴子に、「ありがとう」「来年もファイト」などの言葉を書き込んでいく。鳴子が、そして「よさこいソーラン」が、新しい伝統をつくっていく。

大阪

「ソーラン」を学校、地域に根付かせる

大阪府和泉市立和気小学校　鮫島秀己

運動会の五年生演目として、一昨年から「南中ソーラン」に取り組んでいる。「よさこいソーラン」とは違うが、同じソーランとして共通点も多い。

大切にしたのは、毎年「南中ソーラン」が演目として選ばれるような仕組みづくりである。まず、次の担任の先生が、スムーズに指導できるようにする。指導に使った資料はすべてファイルに保存した。また、踊りの基本となる動きは、写真付きの説明をつけ、新しく資料を作った。（これは学年だよりとして、子どもたちにも配った）。そして、指導のビデオも学校で購入した。

次に、運動会終了後、学校外でのイベントにも参加した。「ソーラン」は、探せば「ソーラン大会」などのイベントも多い。同じ市内でソーラン大会があるので、五年生有志で参加。学年全体の二割、四十名ほどが参加し、二週間みっちり早朝練習を行う。昨年度は、数名の保護者も練習に参加し、一緒に汗を流しながら踊っていた。「ソーラン」がかっこいいと思うからこそ、子どもたちは熱中して練習に取り組み、大会でも堂々と踊るのだろう。大会後は、全校児童の前で踊りを披露し、また地域の行事にも呼ばれたりした。保護者、地域も巻き込んで、「南中ソーラン」を盛り上げていったのである。

保護者から、「下の弟が、五年生になって南中ソーランを踊りたいと言っています」というお言葉もいただいた。「ソーラン」が学校に根付いていくのを実感することができた。

兵庫

よさこいソーランで本気を学ぶ！　本気が伝わる！

五年生とＮＰＯ法人「颯爽ＪＡＰＡＮ」との本気のつながり

兵庫県神戸市立六甲アイランド小学校　西岡正樹

「先生！　床がぬるぬるする！」一人の子どもがこう叫んだ。運動会の三日前。よさこいソーランの最終テストを行った。合格すれば鳴子を手にすることができる。合格した子は、まだの子に教えて回る。「もっと腰を落として！」「うでを伸ばして！」……チャイムが鳴ったとき、床には子どもたちの「汗の水たまり」ができていた。

昨年度、五年生でよさこいソーランに取り組んだ。子どもたちは、日に日によさこいソーランに引きこまれていった。が、とことん「本気」になれないでいた。運動会の一週間前、鳴子を貸してくださる団体を探した。区役所に「颯爽ＪＡＰＡＮ」を紹介してもらった。北海道よさこいソーランはじめ、数々の祭りやイベントに参加しているよさこいソーラン踊りの団体である。「神戸よさこいまつり」が行われた翌日。颯爽ＪＡＰＡＮの方々が来て「ＴＯＳＳよさこいソーラン」を踊ってくださった。前日は夜十時まで踊っておられ、その後にＴＯＳＳよさこいソーランの踊りを練習してくださったとのこと。子どもたちともども胸が熱くなった。

次は子どもたちの感想である。「私たちが今まで練習していた踊りとはまったくレベルのちがう踊りを踊ってくれた人たちがいました。それは颯爽ＪＡＰＡＮです」「ぼくは、颯爽ＪＡＰＡＮのみなさんから、たとえできなくても楽しくやればいいのだということを学びました」。

運動会当日。親御さんの中には、涙ぐんで感想を言ってくださる方もおられた。以下は、保護者の方の感想である。「見事な踊りっぷりでした。法被も良いできで迫力もあり、全体もまとまっていて素晴らしかった」「一生懸命に踊っている姿には迫力がありました。自分たちの力を出しきるということを学んでくれたのではないかと思います」。十一月の学習発表会では、四百名収容のホールで、堂々と、心から楽しんでよさこいソーランを踊る子どもたちの姿があった。今年の五年生もよさこいソーランに取り組みます！

鳥取

学校公開の最高の出し物

鳥取県倉吉市立上北条小学校　谷岡眞史

学校現場では、運動会、音楽会を筆頭としてさまざまな場面で学習内容の発表の場がある。そうした場で、さて何をしようかと困ることがよくある。

そこで役立つのが、このよさこいソーランである。

体育だけではない。学習発表会でも使える。本校では学芸会のような催しもある。そんなときにも使える。数日間ある学校公開のときに、地域の方に見てもらうこともできる。練習の様子さえ公開できる。そうして、好評を博すことができる。

参観日、保護者は何を見に来るのか。わが子が一生懸命取り組んでいるかどうかを見に来るのである。そして、元気の良い声が出ているか見に来るのである。さらに、クラスの様子をチェックする。明るいだろうか。まとまっているだろうか。活気があるだろうか。クラスの中にわが子はうちとけているだろうか。

学校公開の場でよさこいソーランをすると、保護者は大満足で帰っていかれる。それらすべてを見ることができるからである。

子どもたちは練習を通してエネルギーを発散させていく。自分の体全体で表現していく。みんなで一つのものを作り上げていく。それらすべてを体験するのである。そして、クラスがまとまっていく。

広島

ＤＶＤがあれば、よさこいソーランの指導はだれでもすぐにできる

広島県呉市立野路東小学校　高橋恒久

勤務校の運動会には、組み体操や表現運動などの発表がない。それでＤＶＤや冊子は持っていたが、「よさこいソーラン」をしようという気持ちがなかなか持てなかった。

ある日、「ＤＶＤを子どもに見せながら指導する」という論文を目にした。翌日、三、四年合同体育があった。十九人の子どもたちを教室に集め、ＤＶＤ画面を拡大投影したスクリーンを見せながら指導を行った。指導場面は「くりかえし場面（一番、二番、三番）」であった。子どもたちは驚くほど踊りに熱中した。わずか三十分ほどの練習でほとんど踊れるようになったのだ。しかも、踊るのが楽しくて仕方がないといった感じであった。子どもたちが、「ほかの学年の人にも見てほしい」「ほかの先生にも見てほしい」と言うので、その日のうちに、全学年の児童（小規模四十八名の学校）、ほとんどの職員に披露することになった。踊りの完成度が高いわけでもなく、しかも一場面だけの踊りである。それでも、踊った子や見ていた人を十分に満足させることができた。このような力のある踊りは初めてである。

その後、サークルメンバーから「運動会でよさこいソーランがしたい」と相談を受けた。早速、ＤＶＤと冊子を貸した。子どもたちは踊りに熱中したと喜びのメールが来た。指導していてよかった点は、「ＤＶＤが見本を示してくれるので、教師が個別指導をすることができる」「子どもが踊っている最中に説明ができるので、踊る時間が極めて長かった」であった。ＤＶＤの威力絶大である。

岡山

子どもの心をとらえ離さない踊りだ！

岡山県倉敷市立葦高小学校　三宅孝明

今までよさこいソーランを二回指導したことがある。現任校と前任校である。どちらも四年生に指導し、運動会では大盛況であった。

その後、四年生は民舞を運動会に行うという暗黙の了解のようなものができた。運動場に広がる鳴子の音が見る者を魅了したのだ。

よさこいソーランは子どもたちの心も捕らえて離さない。以前指導したときは、お楽しみ会でもよさこいソーランがプログラムに入った。不登校傾向の子も家で踊った。

私が所属するＴＯＳＳ岡山サークルＭＡＫでは、今春のＴＯＳＳデーの体育限定講座でよさこいソーランの講座を設定した。会場の倉敷市は二学期制の導入で、運動会を秋から春に変更した学校が半数以上もある。多くの先生によさこいソーランを知ってもらいたかったのだ。

ＴＯＳＳ体育作成のＤＶＤを使って、個別評定で指導した。もちろん鳴子も用意した。講座の最後、通して踊りきった後に会場から自然に拍手が起きた。

ＭＡＫの機関紙マガジンＭＡＫでも二度ＹＯＳＡＫＯＩソーランの特集を組んでいる。ＭＡＫメンバーがよさこいソーランを指導したときのドラマや指導法などである。是非ご一読を。

（マガジンＭＡＫのお申し込みは熊谷博樹まで kumahiro@po12.oninet.ne.jp）バックナンバーも

少数ある。

愛媛

運動会の流れが変わった！

愛媛県宇和島市立成妙小学校　信藤明秀

よさこいソーランをやるべきときがついに来た！

私は、運動会で三・四・五・六年生、五十人のダンスを指導する機会を得た。これまでのダンスでは、子どもたちの発達段階との兼ね合いに四苦八苦していた。三・四年生に焦点を合わせると、五・六年生には幼すぎる。かといって五・六年生に合わせると難しくなりがちだ。私は、どの学年の子も満足させられるのは、「よさこいソーラン」しかないと思った。

「腰が低いからかっこいい！」「ピタッと止まるからかっこいい！」

練習が始まると、三年生から六年生まで全員がその魅力に一気に引きつけられた。全身汗まみれで、へとへと（私だけ？）になる。そして、後には爽快感・充実感が残るのだ。

隊形移動にはこだわった。ビシッと動きの決まる五・六年生だけでなく、笑顔を浮かべてエネルギッシュに踊っている三・四年生も、観客の方々に見ていただきたかったからだ。

運動会当日、私は子どもたちの踊りを見て、はじめて鳥肌が立った。

「ウワーッ！」

エンディングの時間差のポーズが決まった瞬間、観客席のあちこちから歓声が上がり、拍手が沸き起こった。そして後日、保護者や地域の方から、「来年も見たい」との声をたくさんいただいた。職員会が開かれ、来年もよさこいソーランをやることが確認された。毎年違うダンスを見ていただこうという運動会の流れが、このとき変わった。

福岡

近県の方々、ご連絡待っています！

福岡県福岡市立西花畑小学校　八和田清秀

根本正雄先生からのご依頼を受け、「よさこいソーラン」研究会の福岡県担当となった。近隣の学校ではまだそれほど広まっている状態ではない。運動会の表現種目も組み体操からダンスまで学校によってさまざまである。

セミナーで実演や模擬授業を拝見したことがある。その動きの楽しさ激しさと同時に、小学生に教えるときのわかりやすさも含んでいることが私にも見て取ることができた。これならば盛り上がるだろうと納得のひとときであった。県担当のご指名を受けてから、本やCD、あるいはDVDを買い込んだ。研究会から冊子も送られてくる。自分としては、準備はできたつもりでいる。小学校で行うための必須条件は、「短時間でできること」である。そのために道具の準備、指導の手順などが明らかになっていなければならない。そして、完成したものは子どもたちが生き生きと活動していなければならない。よさこいソーランはその条件を満たしている。ＴＯＳＳがついているのだから当然だろう。

福岡県では、向山型体育を研究するためのチーム「福岡県向山型体育研究会」を設立し、主にメールを中心に情報のやりとりをしている。日常的な体育の授業を向山型システムに近づけるために、追試や文献研究を行っている。県内各地にいる体育を学びたい教師の集まりであるから、よさこいソーランもここを発信基地に広げていく計画である。共に学びたい方は八和田k-yawata@msh.biglobe.ne.jpまでご一報をお待ちしています。

よさこいソーランイラストページ

振り付け　初心者用の基礎基本　小学生

TOSS体育よさこいソーラン研究会
高橋　真

櫨こぎの動き

1・2　壁を押すように両手を伸ばす。ひざと胸がくっつくほど、低い姿勢をつくる。
3・4　引っ張る。拳は肩に。
※四回繰り返す。

パンチの動き

1　右方向に左手でパンチ。
2　右手でパンチ。
(パンチを出さない方の拳は、あごにつける)

バイバイの踊り

1　左足を床に、右足をあげる。両手は左に。

2　右足を床に、左足をあげる。両手は右に。

3　左足を床に、右足をあげる。両手は左に。

4　右足を床に、左足をあげる。両手は右に。

※1～4を二回繰り返す。

クロスステップの動き

1　左足を左に大きく踏み出す。両手を上に。

2　右足を左足の後ろにクロス。両手は左に。

3　右足を右に大きく踏み出す。両手を上に。

4　左足を右足の後ろにクロス。両手は左に。

イラストは鏡合わせになっています

ハイのポーズ

四股立ち。「ハイ」のかけ声。

スペシューム光線の踊り

1　左斜め上に左手でパンチする。

2　右手でパンチ。

3　右手は直角に曲げる。右手のひじに左手をつける。

4　両手の形は3のままで、右方向に上半身を回す。

5・6　右手をチョップする。

ドッコイ
　左足をあげ、片足立ちになる。胸のところで、両手をクロスする。

ショッ
　左足を前に踏み出す。左手は前に、右手は上に伸ばす。

イラストは鏡合わせになっています

よさこいソーランイラストページ

振り付け　初心者用の基礎基本　中学生

TOSS体育よさこいソーラン研究会
高橋　真

網引きのポーズ

波の踊り　１

・漢字の「大」の字を作って、体を左にひねる。
・両手をそろえる。そのときは前足に体重をかける。
・弓を引くように右手を引っ張る。

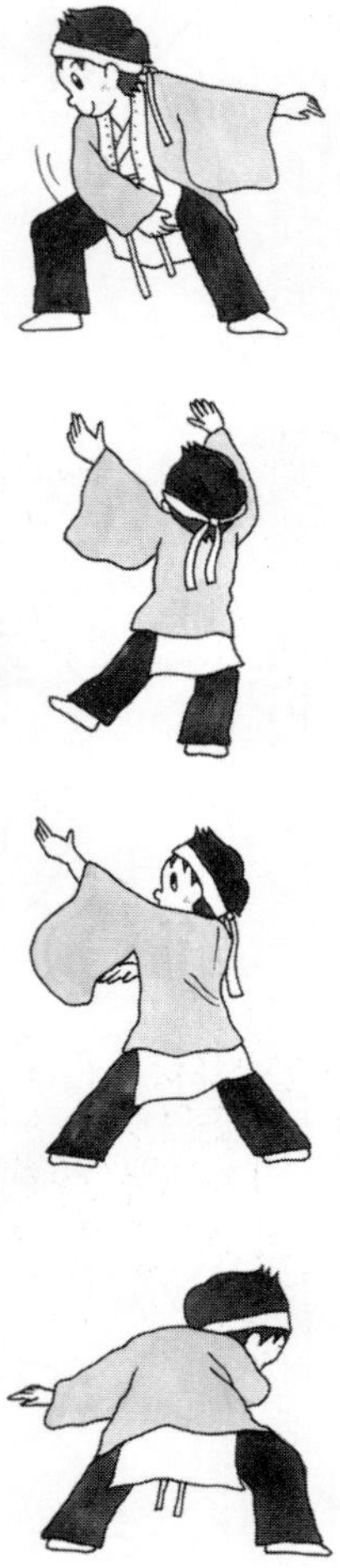

波の踊り　２

・左足をコンパスの中心にして、右足で前方に半円を描く。
・手を左から回し、大きな円を描く。
※難しい動きです。

・もう一度左足をコンパスの中心にして、右足で半円を描く。

ひじをピンと張って、腕をまっすぐに伸ばす。

「ハイ」のかけ声を入れる。

もう一度「ハイ」のかけ声。

イラストは鏡合わせになっています

魚投げのポーズ

・左足を一歩踏み出す。　・床にひざがつくくらいに、深く曲げる。
・ひじをぴんと伸ばして、腕を回す。
・右足を一歩踏み出す。　・床にひざがつくくらいに、深く曲げる。

やっこさん

・ひざを曲げながら回る。
・腕は水平に伸ばす。

扇子のポーズ　1

「大」の字で立つ。

右手を左肩にのせる。

扇子のポーズ　2

右手を開くとき、目は右手を追いかける。

どっこいしょ

・頭をへその高さまで下げる。
・天井に吸い付けられるように手を伸ばす。「どっこいしょ」のかけ声。

よさこいソーランイラストページ　入場の隊列づくり　小学校

どの子も「自分が見られている」状況をつくる

山梨県中巨摩郡昭和町立西条小学校　根津盛吾

1　方形から走り込んで入場

最もオーソドックスな入場隊形である。前奏の「夜明けのポーズ」の後、十六呼間で前方に走り込んでいく。指導も比較的容易であり、指導時間もさほどかからない。

図１　前奏前の入場隊形

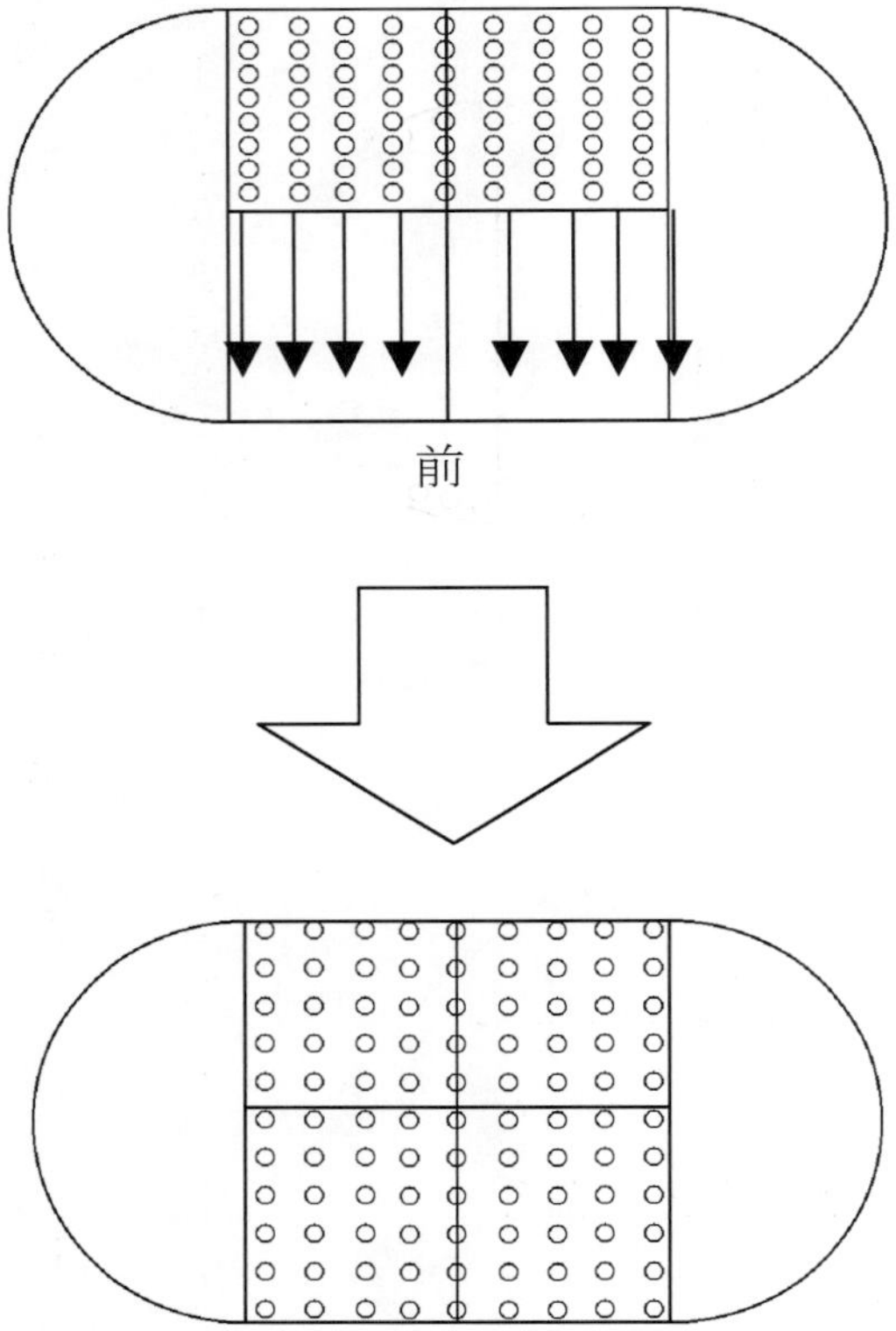

図２　走り込んだ後の状態

「夜明けのポーズ」とは、前奏の笛の音で両手をあげる振り付けである。

2　V字型から走り込む（1と同じタイミングで走り込む）

図３　V字型　前奏前の隊形

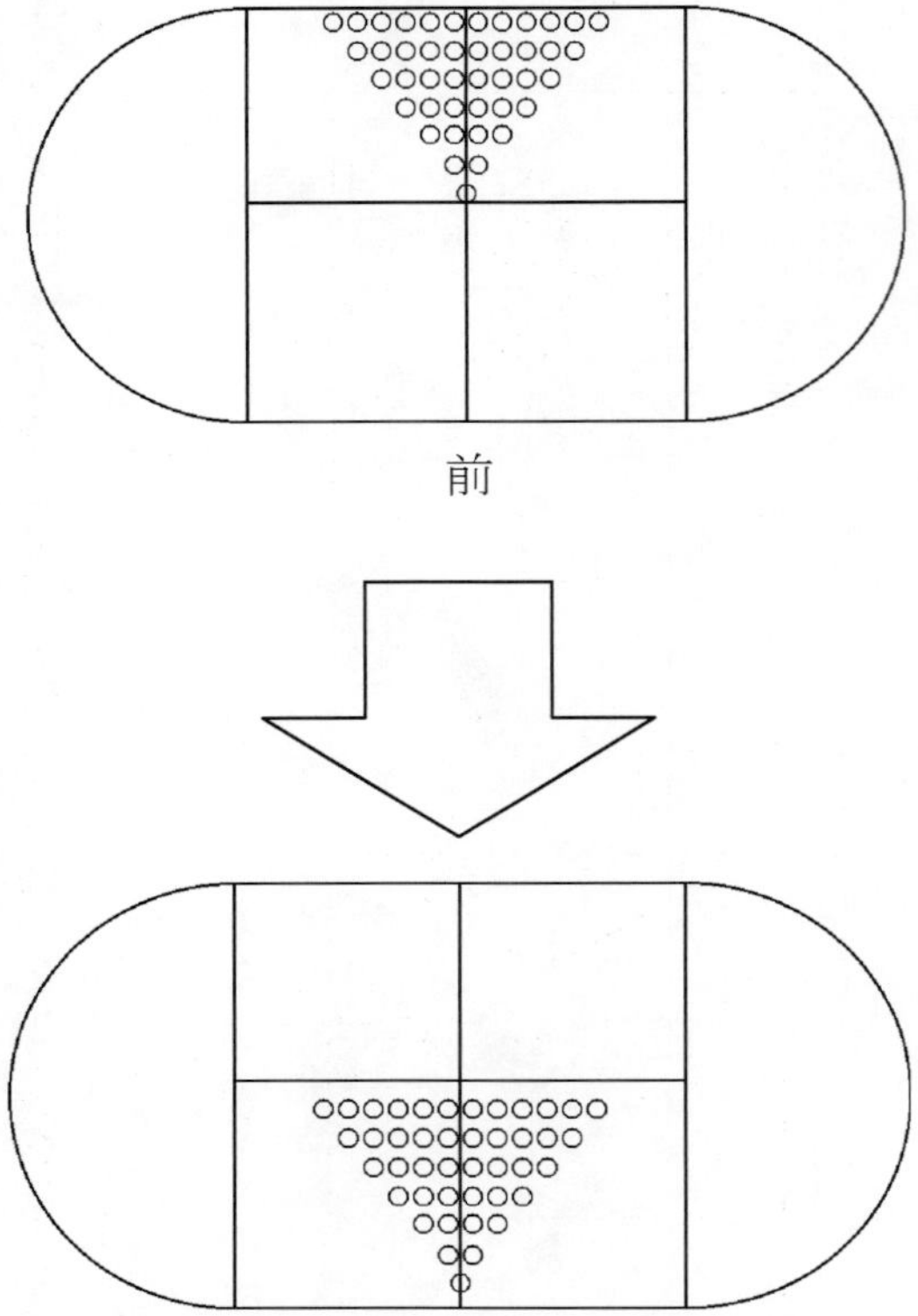

図４　V字型　走り込んだ後の状態

50人以下の規模なら可能だろう。一人一人の位置を確認しておけばできる。

3　中心からトラックの線まで走り込む（1と同じタイミングで走り込む）

図5　始めは中心に集合。
外を向かせておく。

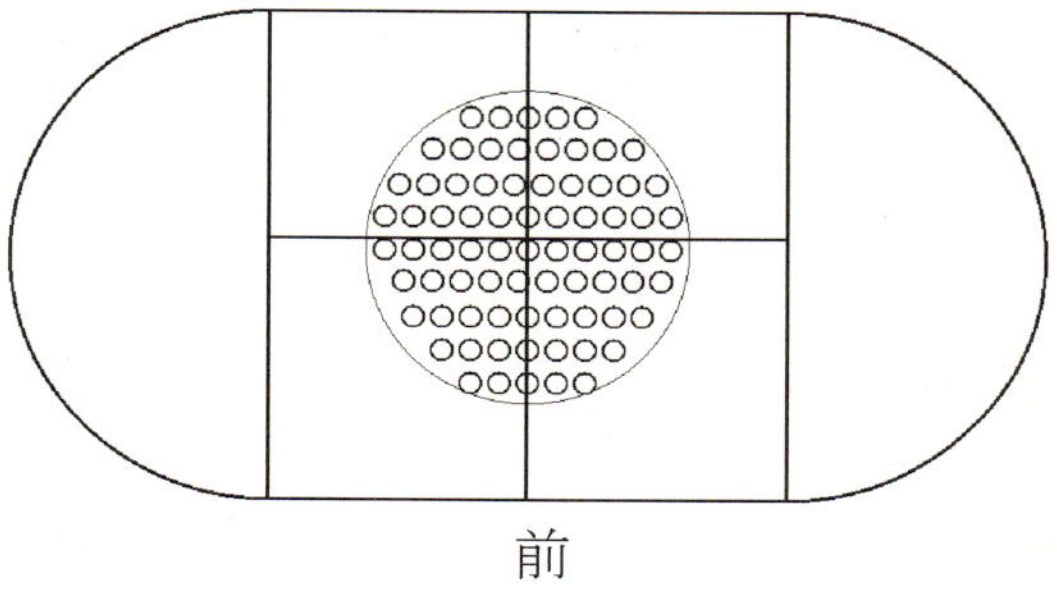

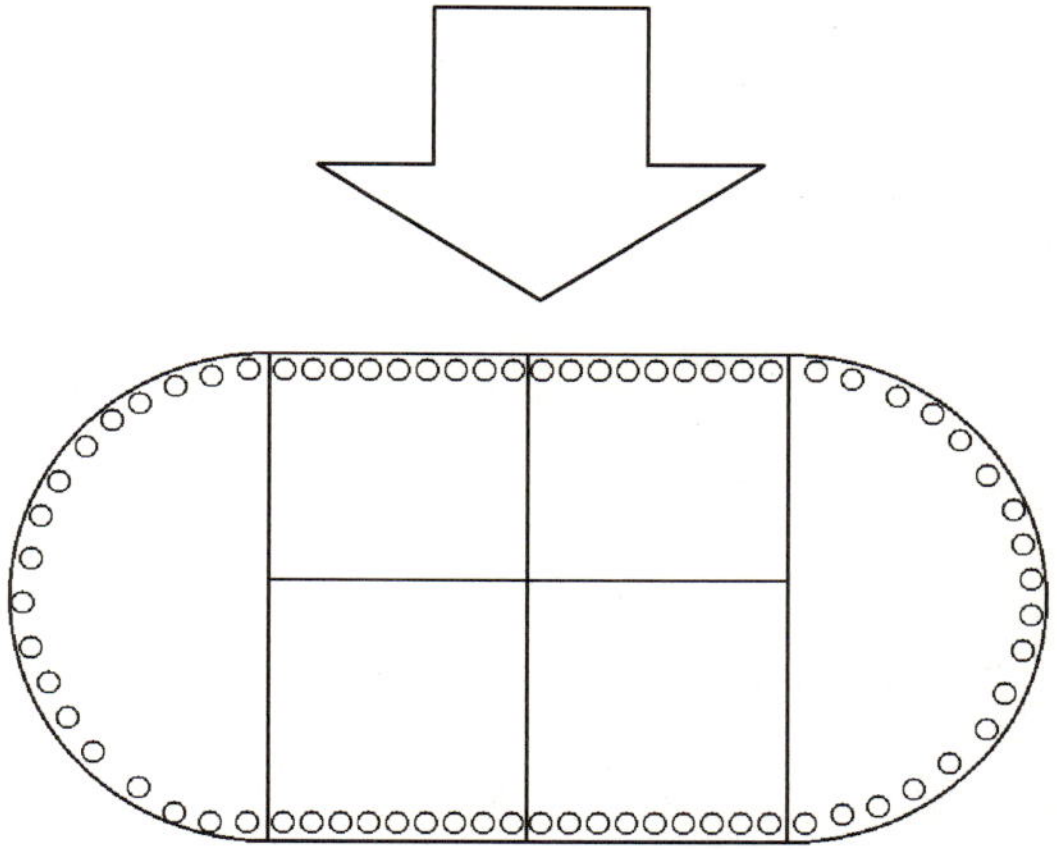

図6　トラックの線に素早く散る

子どもたち一人ひとりが観客席に近くなり、クローズアップされる点がよい。

4　トラックの円周から中へ走り込む（1と同じタイミングで走り込む）

図7　円周上で「夜明けのポーズ」

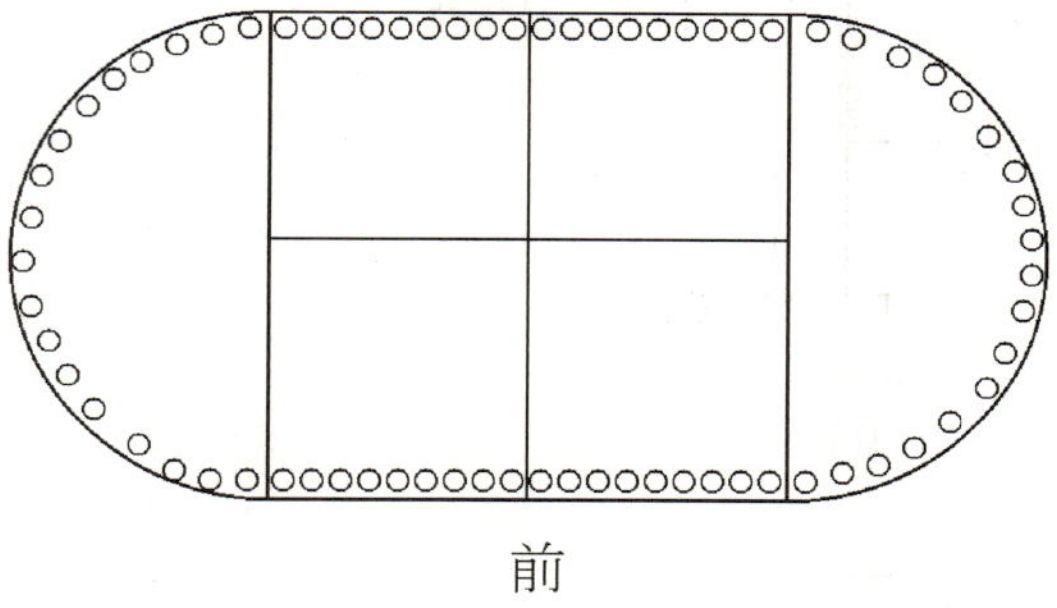

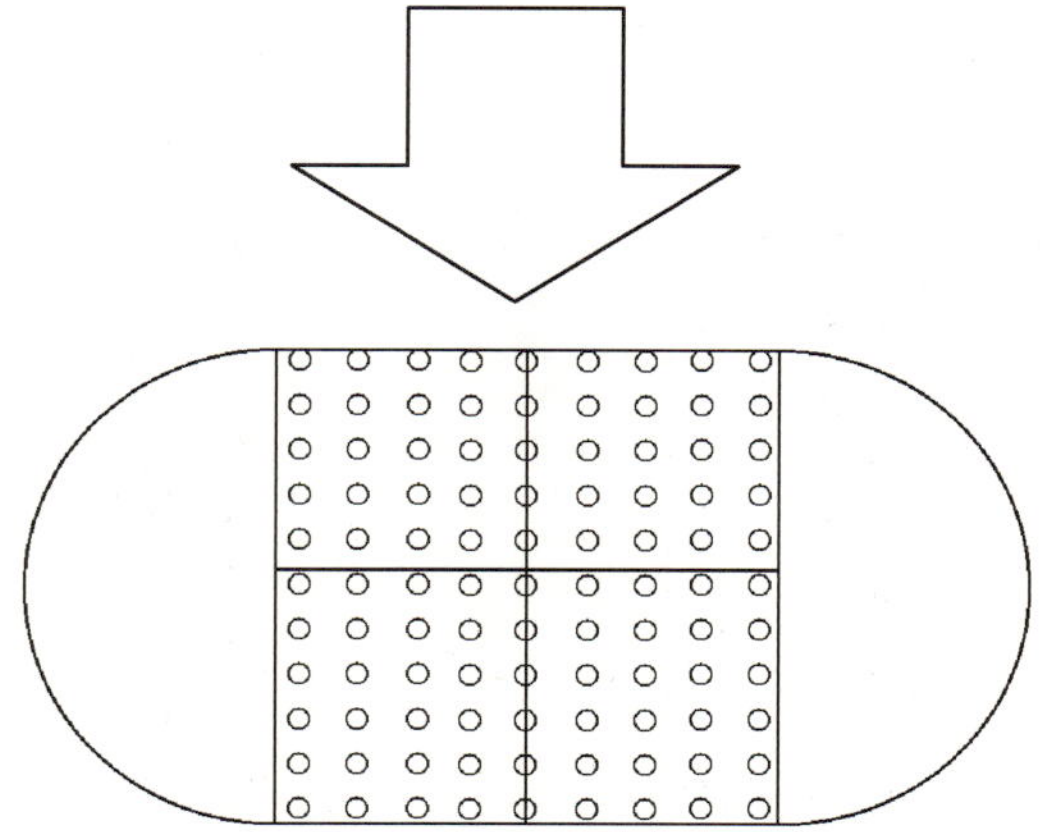

図8　走り込んで方形をつくる

図8を「V字型」「中心集合型」などにしてもカッコよくなるだろう。

よさこいの隊形に決まりはない。極端にいうと「乱舞」という隊形があっても構わない。むしろ自由度が増して、子どもたちの動きも生き生きとしていくだろう。

隊形を考える際に、私がこだわるのは、「一人ひとりが目立つ場面をつくること」である。いつも集団の隊列の中で埋もれさせてしまわずに、隊形変化によって一番前や一番外側に出る場面を確保することである。その緊張感が踊りを鋭くしていくからである。

よさこいソーランイラストページ　中学校
入場の隊列づくり

「時間差移動」と「動きのシンクロ」を目指す

山梨県中巨摩郡昭和町立西条小学校　根津盛吾

中学生ならば、さらに工夫した隊形づくりができる。そのキーワードはこれである。

一、小学生は、「全員同方向同時移動」。中学校は「個別方向時間差移動」。
二、違う動きを同時に展開し、調和をとる。（動きのシンクロ）

1　太鼓の音に合わせて疾風のごとく入場（個別方向時間差移動）

「ドン・・ドン・・ドン・ドン・ドン・ドンドンドンドンドン…」という和太鼓の連打から、サーッと入場する。あえて声は出さない。学級の場所に到着したところに「ドドン」と大きく打つ。そして全員で「セイヤ！」（また学級ごとに順にセイヤ！）。

図１　太鼓連打の際に移動

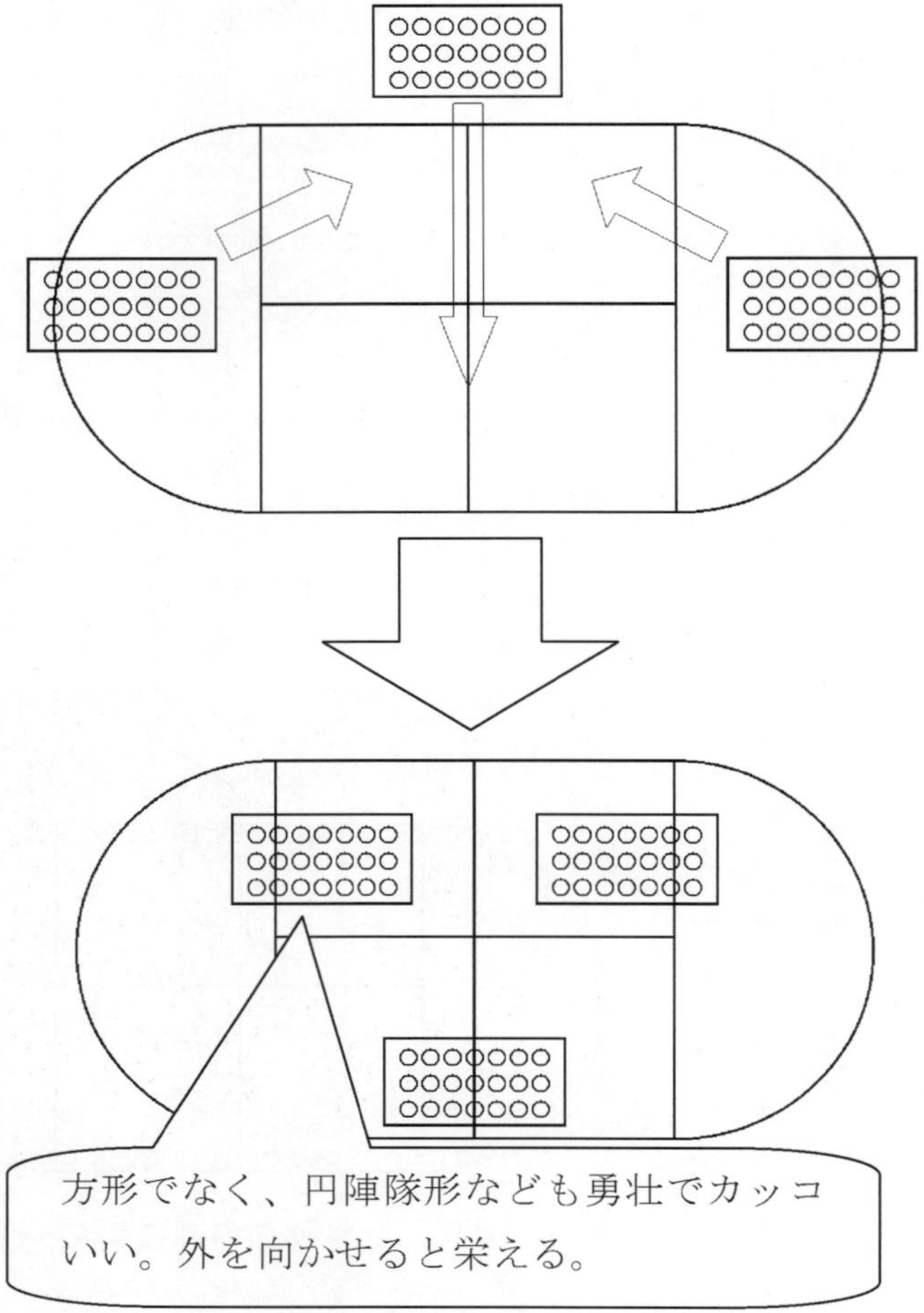
方形でなく、円陣隊形なども勇壮でカッコいい。外を向かせると栄える。

あらかじめ「集合完了時の位置」を学級ごとに確認しておき、そこまで移動させる。学級ごとに「隊列」や「身体の向き」などは考えさせる。自由思考で生徒たちの自主性と創造性を引き出したい。勇ましいかけ声も「本気」「気合い」「連帯感」に必要だ。

2　違う動きを同時展開（動きのシンクロ）

私の心をとらえて離さない一枚の写真がある。宮野正樹氏が小学生の教え子たちとともに、よさこいソーラン祭りに出場したときの写真だ。美しい衣装やどっしりとした腰の入った動きも見事だが、その集合体としての「集団の隊形の美」が表現されている。

集団の外側の子どもたちと内側の子どもたちでは、振り付けが違っている。

これが「動きのシンクロ」ということである。別の振り付けでも、同時に踊ることで、全体の調和を図るのである。

「子どもの心をわしづかみにするよさこいソーランの授業」
明治図書 p. 20宮野正樹氏論文より引用

この写真の場面は、踊りの「フィニッシュ部分」かもしれない。だが、「曲の始め」でも十分に生かせる隊形である。それぞれが別のポーズから踊りを開始するのである（新型TOSS体育YOSAKOIソーランの振り付けはそのようになっていると聞いた。実にすばらしい）。

この写真はV字型の隊列となっている。これはこれでよいし、「方形」や「円陣」もあるだろう。そのような「基本隊形」の上に立って、こうした「動きのシンクロ」を目指そうというのが、私の主張である。

中学生ならば十～二十人ぐらいのグループで「始めのポーズ」を決めさせる。そして、二～三のグループ同士で始めのポーズを「合体」させる。すると、右の写真のように「複数の始めのポーズ」が同時に表現されることになる。踊りがここからスタートする。

前奏は各集団ごとの振り付け
↓
一番から全員で同じ振り付け

前奏では各集団がそれぞれに表現していた踊りが、前奏が終了し、一番の楽曲に突入したとたん、突如として統一感のある勇ましい踊りに変化する。

この意外な変化が、観客たちを引きつける。そして、踊っている生徒たちにも感動を呼び起こす。それは、「違っているけど調和している」という実感である。

この後、「間奏」のときは、再び「違う振り付け同時展開」を表現させる。各集団ごとに独自の振り付けが生まれるのが理想だ。また、YOSAKOIソーラン祭りの「輪踊りソーラン」のようにぐるりと輪をつくって自由に踊るのもよい。こうして隊形を柔軟に変化させせながら、生徒たちの意欲を引き出す工夫をしていきたい。

よさこいソーランイラストページ
踊りを華やかにするハッピ

岡山県久米郡久米南町立弓削小学校
甲本卓司

一、ハッピは、必需品

「よさこいソーラン」を際立たせる小道具に「ハッピ」がある。この「ハッピ」があるかないかで踊りの仕上がり具合が大きく異なる。昨年のエピソードを紹介する。

昨年の運動会では、「よさこいソーラン」を踊った。

この種目を決定したのは、九月に入ってからだ。運動会は、九月十八日。練習できる期間は二週間である。この二週間で「よさこいソーラン」は完成した。運動会までの指導時間は八時間である（予行演習、衣装合わせは除く）。

練習して一週間でほぼ踊りは覚えた。

次に教師側が考えなければならないのは、演出である。子どもの中には休み時間も自主的に踊っている子も現れる。それに答える必要がある。

演出として一番に考えたのは鉢巻である。鉢巻は、リレーのときに使うものでもよいが、長い鉢巻がかっこいい。長い鉢巻を買うのは簡単だが、買う時間も予算もない。学校にあるものを考えた。

たすきを今までの運動会で使っているのを思い出した。たすきを頭にするとちょうど長い鉢巻になる。長い鉢巻は、たすきを代用した。

次に考えたのが、「ハッピ」である。

これは、あてがあった。田舎の小学校なので地区ごとに村祭りを行っている。昨年勤めていた学校には、四地区あった。学級の役員さんに、「ハッピ」を使いたい旨を相談した。子ども用「ハッピ」は、子ども会が管理していることがわかった。子ども会の役員さんに連絡を取ってもらう。そうすると、予想外の返事が返ってきた。

一つの地区が、子ども用の「ハッピ」を用意していないということだった。私の住んでいる地区からも調達は可能だったが、学区の一つの地区がもっていないという情報から、子ども会から「ハッピ」を借りるのをあきらめた。

そうなると、作るか、買うかである。結果からいうと、小学校に出入りの教材屋さんから購入した。一人二五〇円でハッピがあるという。そろえるのに三日あれば大丈夫とのことだった。一人二五〇円。四色の「ハッピ」。三日でそろう。この条件で購入を決めた。

購入した「ハッピ」は、不職布でできている。紙に近いのだが、運動会の衣装なら十分である。何回かの練習で着用しても破れるようなことはない。しかし、既製品である。オリジナリティーを出すには少し寂しい感じもする。

　五年生、六年生で「よさこいソーラン」に挑戦をすると、家庭科の学習や図工の時間を利用して自分たちで「ハッピ」を作ることもできる。不職布で作ることもできるし、和紙で作ることもできる。また、本物の布で作ることもできる。手芸屋さんに行けば、「ハッピ」の型紙を売っているところもある。時間と予算のことを考えて計画をしてもらえればよいと思う。かっこいい「ハッピ」は、カラフルで、丈が長いものがよい。規制品の「ハッピ」は、丈が短くてイマイチ様にならない。

　一番簡単に作れる「ハッピ」の型紙を以下に紹介する。参考にされ、変化をつけて制作されるとよい。

【不織布でのハッピの作り方】

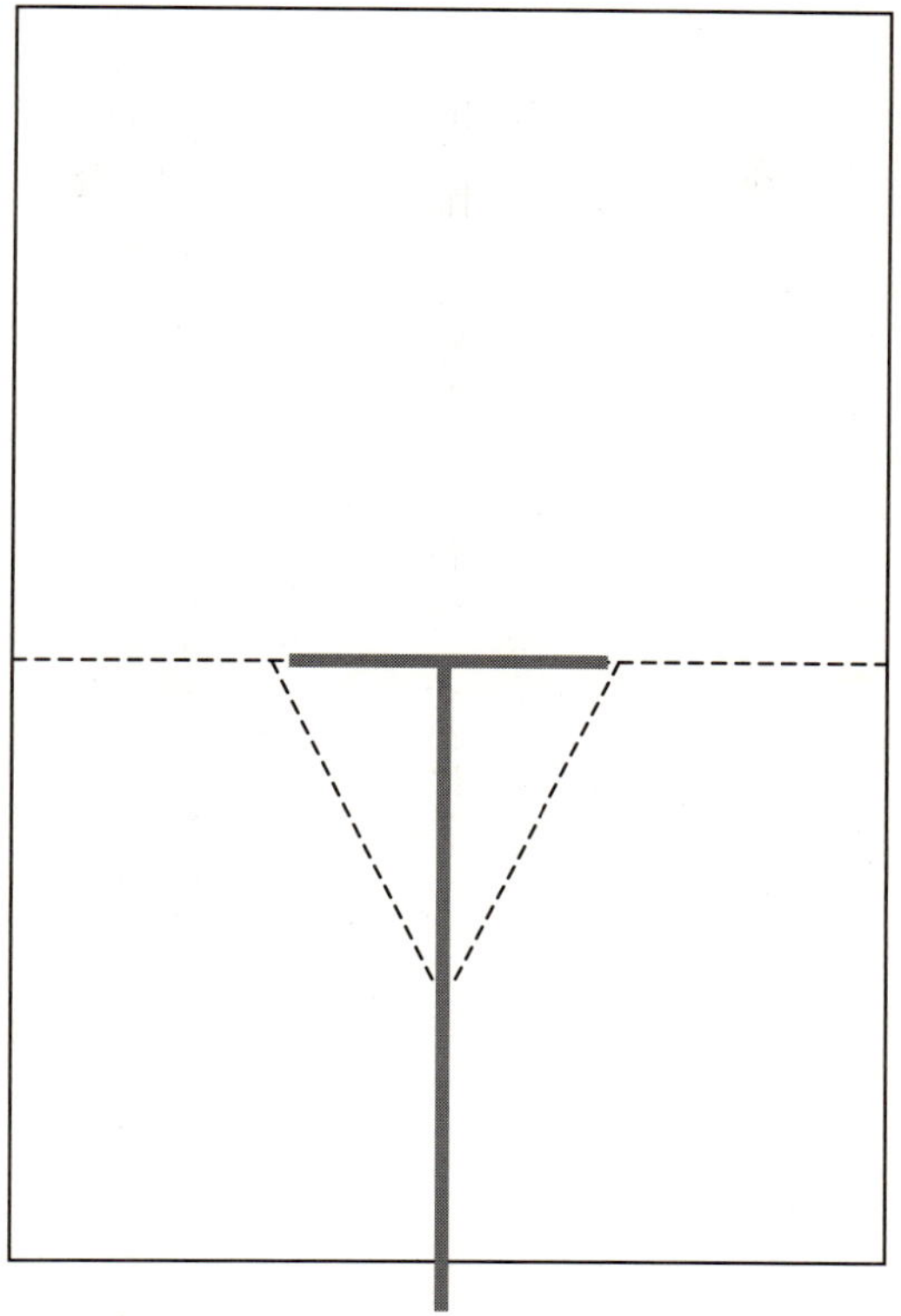

①太線部分を切る。

②点線部分を折る。

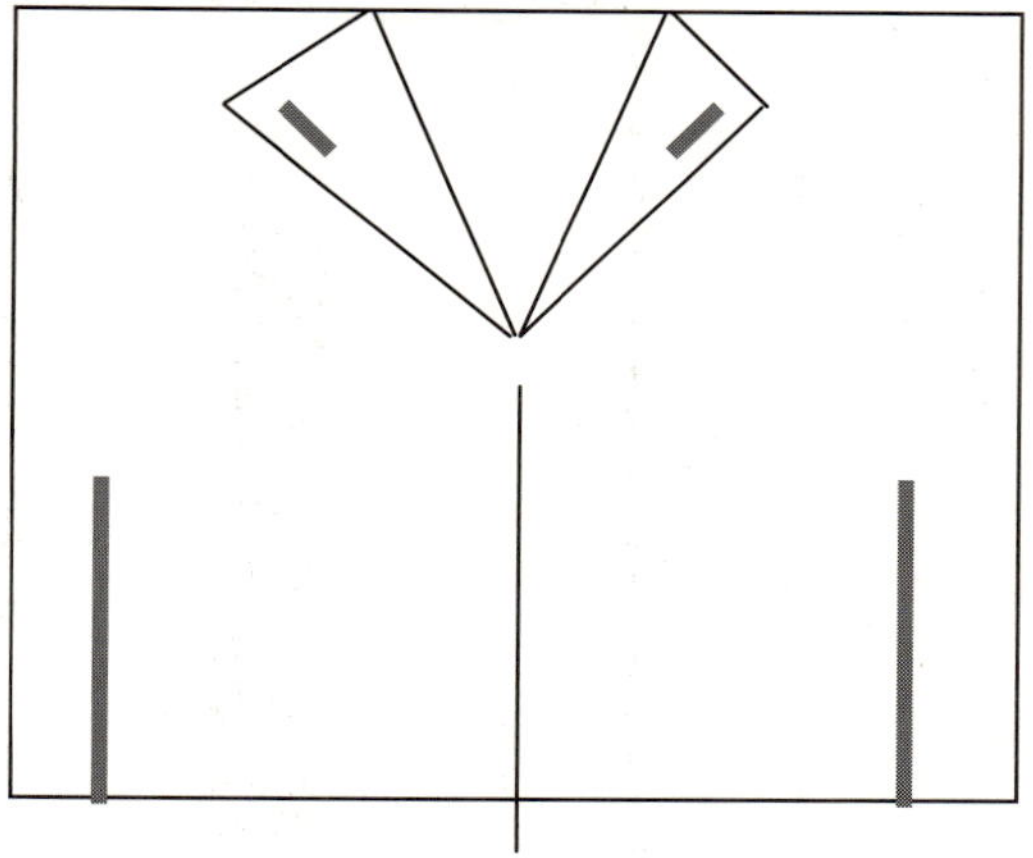

③太線の部分をホチキスで留める。（不織布で作成するときは、わき下の部分をミシンで縫う）

④はちまきで、腰を縛る。

よさこいソーランイラストページ

大漁旗が、運動会全体を盛り上げる

岡山県久米郡久米南町立弓削小学校　甲本卓司

一、連帯のあかし

大漁旗は、漁師さんが使うものである。大漁のときに掲げて港に帰ってくる。大漁は生活に直接に結びつく。とても神聖なものだ。

また、本物の「よさこいソーラン」の祭りでは、どのチームも大漁旗を用意している。チームの士気を高めるにも必要なアイテムといえる。

クラスの旗を作ることを考えればそのこともわかる。

それでは、手作りの大漁旗について紹介する。

準備物

布（シーツを二枚縫い合わせる）

ポスターカラー

竹のさお

作り方

1　デザインを考える

※Ｂ４用紙に下書きをさせる。簡単に色鉛筆で色をつける。

※たくさんの下書きがあるときは、コンペで決める。

2　オーバーヘッドやプロジェクターを使い、下絵を拡大する

鉛筆で写し取ったあと、油性のマジックで下書きを完成させる。

※このとき、下書きをデジタルカメラやスキャナーで取り込みプロジェクターで映す。

3　色をつける

下に新聞紙などを敷いて書く方法もあるが、乾かすときに新聞紙が付くことがある。机と机の間に作る大漁旗をはって作る方法もある。この方法だと下にうつることがない。

4　竹ざおにつける

シーツを縫い合わせて作る場合、最初から竹ざおが入るように袋に縫っておく。そのときに、大きめにしておいた方がよい。竹が長くなるとかなり太くなる。はじめから太ければ細い竹にも対応可能である。

↑下書きが、完成したところである。色鉛筆で薄く色をつけておくと、完成のイメージがわきやすい。

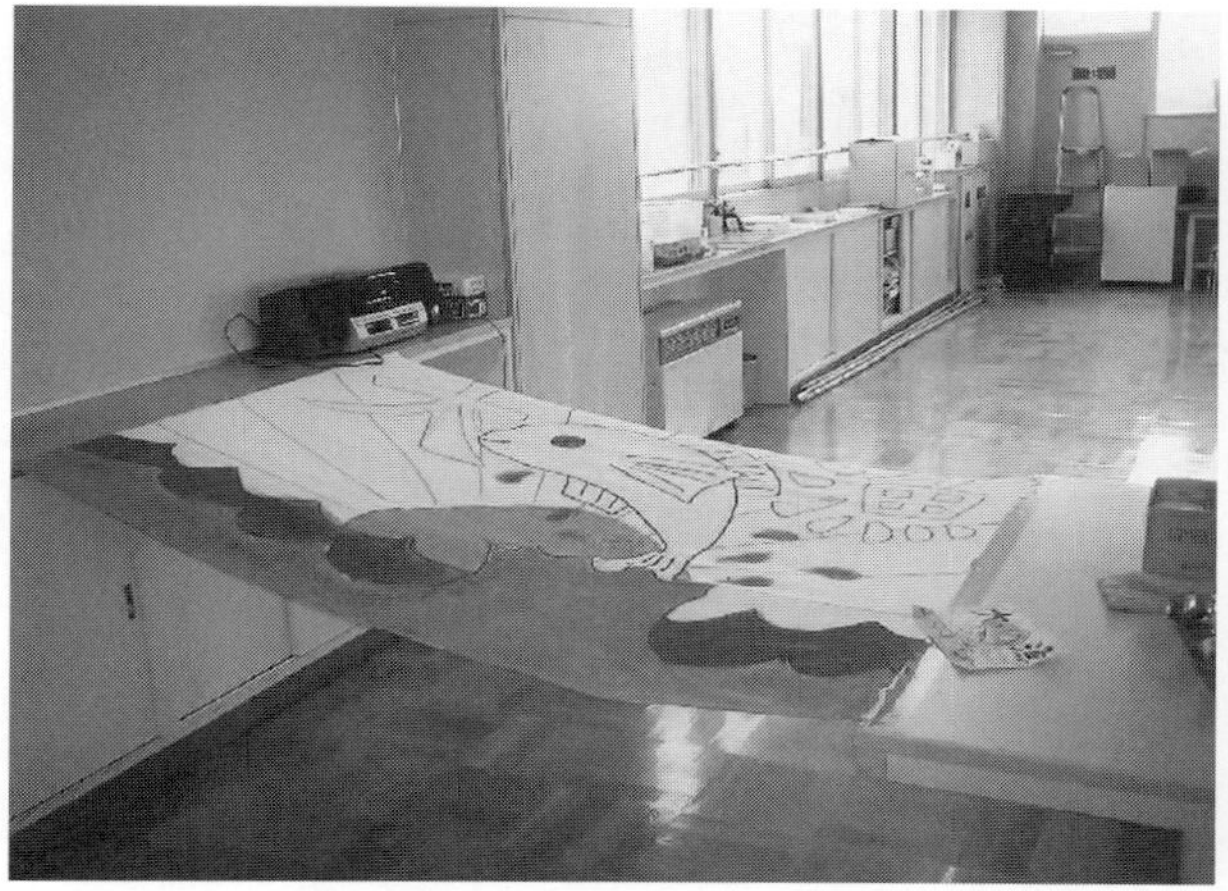

↑大漁旗を机などでしっかりはって着色する。下写りしなくてよい。

二、カラフルに仕上げる

大漁旗は、カラフルな方がよい。

遠目から見ても見栄えがする。少し派手かなと思えるくらいでちょうどよい。下絵の段階からほめておく。

写真は、割石隆浩氏のホームページから引用した。

http://wariwari.hp.infoseek.co.jp/yosakoi/tairyou-tukurikata.htm

ＴＯＳＳ体育よさこいソーラン研究会ホームページには「よさこいソーラン」の指導法など、小学校で行う実践が多く収録されている。

オリジナルの鳴子が、やる気にさせる

威力発揮した学校予算の獲得

岡山県久米郡久米南町立弓削小学校
甲本卓司

一、鳴子の微細指導

「よさこいソーラン」では、必ず鳴子を持って踊る。鳴子の音が決まればメリハリが利き、踊りの効果は抜群に上がる。ポイントは、曲のリズムに合わせて力の入れどころを指導することだ。

> 「1・2・3・4」の「4」のときに力を入れなさい。
> 「5・6・7・8」の「8」のときに力を入れなさい。

この指導はメリハリをつけるのに極めて重要だった。また、教師の掛け声も「4」と「8」のときに強めに言う。この「4」と「8」は、原則として示したもので、いつもこのとおり強めるということではない。鳴子を鳴らすときに力を入れさせるのである。そのとき「雑巾を絞るように」手に力を入れることを指導した。

鳴子は、練習のはじめから持たせたのではない。ある程度踊りが完成してから持たせた。

> 踊りを覚えるまでは持たせせない

というのが、原則である。

しかし、運動会直前では鳴子のリズムがつかめない。上手に鳴らすこともできないだろう。そこで、鳴子は鳴子だけの練習も必要である。

二、鳴子を作る

鳴子にもいろいろある。サイバー鳴子も登場した。夜に踊るとキラキラ光るようにできている。

小学校の運動会で使う鳴子と考えると、予算は千円までだ。千円でも高いとの声を聞いた。運動会に一度だけ使うのにそんなに予算はつけられないとなる。毎年、どこかの学年が使うのであれば学校予算で千円を超えても購入できるかもしれないが、そうはうまくいかない。

そこで考えたのが、自作の鳴子である。自作の鳴子もいろいろと予算が異なる。教材屋さんにお願いして持ってきてもらえる鳴子を紹介する。

主に、次の二つのバージョンがある。

1、全部一から作る。（カチカチと音を出す部分から作る）
2、形は、作ってあるが色は塗られていない。

お勧めは、2である。

1だと、どうしても練習中に壊れてしまう。しっかり作ろうと思ってもなかなかうまくいかない。

2だとデザインを楽しむことができる。オリジナルの鳴子を持つことにより「よさこいソーラン」自体への構えも違ってくる。このときに一つ注意がある。持つところは色を塗らないか、テープでの仕上げをした方がよい。汗で色が落ち、手がグチャグチャになってしまうから。

2の鳴子セットは、教材屋さんで、四〇〇円程度である。これなら個人持ちとしても購入できる。図工の時間も有効に活用できる。ちなみに1は、二〇〇円程度である。お勧めである。

【先行実践】

鳴子については、『楽しい体育の授業』05年8月臨時増刊号「子どもの心をわしづかみにする〝よさこいソーラン〟の授業」（明治図書）に詳しい。

私は、一括学校予算で購入をしてもらった。鳴子は、よさこい踊りでも使えること、また、低学年には、低学年用のよさこいソーランがあることを主張した。鳴子は、「よさこいソーラン」だけで使うと考えている人が多かったが、高学年や中学年だけでなく全校で使えることを主張した。二学年分の鳴子を学校予算で購入できた。

やはり、運動会での踊りの評価が実際にはものを言った。会場を圧倒する迫力があった。また、子どもたちが、一生懸命に踊る姿も感動を呼んだのだと思う。

毎年、どこかの学年が鳴子を持ち、踊ってくれればと思う。そのためにも学校予算での鳴子は、形として威力を発揮する。

※問い合わせ先：手作り鳴子（クラフテリオ）

よさこいソーランコピーページ

職員会議用実践企画書のフォーマット

TOSS体育よさこいソーラン研究会　高橋　真

1　「〇〇小の教育」の「行事編」によさこいソーランを位置づけた文書フォーマット

地域によって、「〇〇小の教育」（学校運営概要）の内容、形式はさまざまだと思いますが、年度当初から、運動会でよさこいソーランをすることが決まっていれば、運動会近くなってからあわてる必要はありません。

初めて運動会でよさこいソーランに取り組んだときは、「運動会の反省」で「来年も継続してよさこいソーランに取り組む」ことを決めることが重要です。そのときには、子どもの様子や感想、保護者の声なども参考とするとよいかと思います。

行事名	運動会	担当	児童活動部　体育活動係

ねらい
1　体育的な集団活動を通じて、心身共に健全な生活の実践に必要な習慣や態度を育成する。
2　児童が運動に親しみ、楽しさを味わえるようにするとともに、体力の向上を図る。
3　実施に至るまでの準備や練習を通して、自分の役割に対する責任感やお互いに協力する態度を養う。

日時	○月○日（土） 予備日　○月○日（日）、○日（月）	場所	グラウンド	対象	全学年

運営計画

1．当日の日程
6：00　花火打ち上げ（場所グランド　※順延はこの時点で判断する）
7：45　職員出勤・朝会
8：00　児童登校
　　　児童は、登校したら学級で待機し、学級指導後に椅子を児童席まで運ぶ。
8：40　児童整列完了
8：45　入場開始・開会式
9：15　競技開始（ラジオ体操）
12：00　午前の部終了　※昼休み　1・2年児童下校
13：00　午後の部開始
14：30　競技終了閉会式、椅子などの整理。
14：45　学級指導
15：00　児童下校
　　　職員による後片づけ（終会　その他）

■悪天候の場合の対応
・実施及び順延の判断は、学校長・教頭・体育係の協議による。
・順延の場合は、職員・各家庭に連絡する。【教頭→各学級担任→各家庭へ】
・実施する場合でも、地域によって天候が違うことがあるので、職員には電話連絡する。
・順延の場合○日（土）…雨天休日　○日（日）…運動会　○日（月）…振替休日

2．競技種目

	1年	2年	3年	4年	5年	6年
全校種目	ラジオ体操					
徒競走	60m		80m		100m	
運命走		お手伝いだいすき	はれたらいいね	○○ウルトラクイズ	ガッツ！とびだせ5年生	人の手も借りたい
団体競技	玉入れ		大玉転がし	みんなで息を合わせよう	騎馬戦	
表現	リズム		よさこいソーラン		スタンツ	
選手リレー	低学年選手リレー		中学年選手リレー		高学年選手リレー	

3　個人種目のスタート要領
(1)　スタンディングスタート。「位置について」でスタートラインにつく、「用意」で足を引いて体重を前の足にかけて低く構える。「ドン」でスタート

4　表彰について
(1)　1－3位まで「順位記入」4位以下は「努力賞」。
(2)　全校児童に参加賞を与える。
(3)　後日名前を記入して各担任から渡す。

留意事項
○服装・持ち物
・半袖、短パン（ハーフパンツ・スパッツ可）、紅白帽子、運動靴
　（天候の変化に備えて、ジャージ上下を用意する）
・イスの足用あて布（1辺10cm×8、輪ゴム×8）※軍手の指を切ったものがよい

2　運動会実施要項を提案するときのフォーマット

運動会実施要項の一部を抜粋したもので，体育主任（運動会担当者）向けの文書です。この文書でも「よさこいソーラン」は一度しか出てきません。やはり，ある学年の種目として位置づけることが大切です。

5．種　　目

種　目	内容
応援合戦	開会式後，全校が紅白に分かれて行う。
ラジオ体操	
徒競走	低学年60m，中学年80m，高学年100m 学年ごとに実施。
個人競技 （運命走・技巧走）	２～６年生（１年生は実施しない）。 学年ごとに内容決定・実施。
団体競技	（例 ）１　　年　　　（例：玉　入　れ　）
	３　　年　　　（例：大玉ころがし）
	４　　年　　　（例：いかだわたり）
	５－６年（高）（例：騎馬戦　）
	※２年生は，実施しない。
低学年紅白 選手リレー	各学級　紅（赤・青）白（白・黄）男女各１名　計８名 （一人グランド1/2周）　※走力を考えて，紅白に分ける。
高学年紅白 選手リレー	各学級　紅（赤・青）白（白・黄）男女各１名　計８名 （一人グランド1/2周）※走力を考えて，紅白に分ける。
低学年表現	１・２年　　リズム
中学年表現	３・４年　　基本的によさこい
高学年表現	５・６年　　基本的にスタンツ

※　各種目の割り当て時間は，「４．プログラム（例）」を参照のこと。基本的には，割り当てられた時間内で各種目が終了するように，学年や担当で練習してもらいたい。

※　リレーの組み分けをするときは，赤組などの特定の組に各学級の１位が集中しないように，分け方を総務係から別途提案する。

※　個人競技の組み分けは，今年度は出席番号順で行う。

→平成○○年度までは，走力順で組み分けをしていたが，毎年同じような組み合わせになり，走る前から結果がみえてしまう。同年度の反省で確認済み。くじ・背の順・出席番号順・走力順で組み分けをする。４年でひと回りする。

よさこいソーランコピーページ 保護者への依頼用実践企画書のフォーマット

何で保護者を巻き込むか

北海道札幌市立幌南小学校
宮野正樹

一、保護者を巻き込むということ

保護者とかかわるということ、保護者にかかわらせるということは、なかなか難しいことである。ふだんの学習の中で、取り組むとするならばその多くは、「お手伝い」という立場であろう。家庭科の裁縫の学習のときのお手伝い、近くの公園に探検に行くとき子どもの安全を守るためのお手伝い、本の読み聞かせをするときのお手伝い……。どれもが、教師が計画を立て、その計画にのっとって、保護者の方にやってもらうという形であったはず。

しかし、ここで疑問がわく。果たして、このような取り組みで保護者は満足しているのであろうか、ということである。実は、満足していたのは、教師の側だけではないだろうか。

これからの保護者とのかかわりを考えていくとき、もっと保護者の方々の能力を生かせるようなかかわりはできないのだろうか。

つまり、ある程度保護者の方に任せる形で、お願いするのである。何も考えずにすべてを任せることは、無責任の極みである。従って、外枠だけ教師が決め、その中身を可能な限り、保護者に創造的に取り組んでもらうのである。

もちろん、保護者の方からいろいろな意見が出るであろう。時には、一生懸命になりすぎて取り組みそのものにまで意見が出ることもあり得る。しかし、考えようによっては、保護者から意見が出るということは、本当の意味で保護者を巻き込んだと言えるのではないだろうか。

二、何で巻き込むか

考え得るのは、子どもの服装に関することである。毎年運動会の前に保護者から運動会の服装についての話題が出る。「今年の服装はどのような服装なのか」「自分の子どもがわかるように、何か印をつけたらだめなのか」「去年祖父が来ても自分の孫がわからずに、競技が終わってしまった」といったことまで。これらの意見を生かすのである。

三、実践企画書

○学年保護者の皆様

○○○○小学校
○学年担任

運動会「よさこいソーラン」衣装作成にかかわるお願い

保護者の皆様におかれましてはますますご健勝のこととお喜び申し上げます。日ごろより本校の教育活動に対しまして、温かいご理解とご協力を賜り心より感謝申し上げます。

子どもたちは今、近日行われる運動会へ向けて毎日額に汗を流して取り組んでいます。曲調がゆったりしているなか、その曲に合わせて力強く踊るために足を開き腰を落としている子、シャープな動きを創り出すために大きなかけ声をかける子、中指の先に緊張感をもたせ視線を中指に集中する子……。運動会当日は、海のないグラウンドが、大海に変わりそうな勢いです。

そんな子どもたちの取り組みを応援すべく、衣装の作成に取りかかります。

来週から、子どもたちは、家庭科の学習の時間を使って、運動会のときに着る衣装づくりに取り組みます。ミシンを使ったり手縫いをしたりと、子どもたちにとって初めての経験ばかり。なかなかうまく進まないことも予想されます。

そこで、保護者の皆様の力を借りたいのです。協力をお願いするのは、以下の三点です。

①子どもたちの衣装作成時のお手伝い。　○月◇日　○○時から
②できた衣装のチェック。手直しのお手伝い。　○月△日　◇◇時から
③できた衣装に模様を入れる。
　デザインを考えていただき、作成します。　○月■日　■■時から

どれかひとつでもお力を貸していただけると助かります。もちろん、すべてに参加していただけることほどうれしいことはありません。

下記の表のご協力くださるところに○をつけて、各担任へご提出いただければと思います。子どもたちの活動を一緒に応援しませんか。

よさこいソーランコピーページ
地域イベント用実践企画書フォーマット

札幌市立新琴似緑小学校
割石隆浩

1　まず最初に考えるべきことは

地域イベントに参加するにしろ、地域イベントを仕掛けるにしろ、一番重要なことは最悪の場合をまず想定することだ。

地域イベントであるから、当然学校行事ではない。学校行事ではない以上、保護者の同意はもちろんのこと、万一の場合に備えて保険加入等細心の注意をすべきだ。

学校行事ではないといっても、児童生徒が参加するのであればもちろん管理職の同意を取り付けておくべきだ。

2　イベントに参加するには

ＹＯＳＡＫＯＩソーラン祭りの形態に似た祭りを実施する地域が増えてきた。教師だけで、地域イベントとしてＹＯＳＡＫＯＩソーラン祭りのような祭りを企画することはまずないだろう。

しかし、地域住民として祭り企画に参画することはあるだろう。その場合には、ＹＯＳＡＫＯＩソーラン祭り創設者の長谷川岳氏の著書を一度読むことをお勧めする。

また、地域の祭りやイベントに児童生徒を参加させるということは、よくあることだ。運動会や学校行事の中で踊ったＹＯＳＡＫＯＩソーランを、地域の祭りイベントで踊ってほしいという要請もあるあろう。

ＹＯＳＡＫＯＩソーラン祭りでは、ＹＯＳＡＫＯＩソーラン祭り組織委員会が、「特別感動枠」として、地域の小中学校に祭り参加枠を設定している。観客が一番多く集まる、札幌大通り公園八丁目ステージで踊ることができる枠だ。

私の勤務する学校でも、昨年度特別感動枠で参加した。子どもたちにとっても保護者にとっても、参加することで素晴らしい体験をさせてもらった。

特別感動枠は今年度も実施している。地域にはさまざまなイベントがある。出場することで学校行事とはまた違った意味で感動を共有でき、学校生活の思い出になる。

次ページは、昨年度「感動枠」で出場したときの保護者説明用のプリントである。保護者の同意はもちろんのこと、当日の日程（交通手段）を掲載し、保護者の理解を得られるようにすることが重要だ。

六年生保護者各位

平成〇〇年〇月〇日
〇〇小学校六学年担任一同

ＹＯＳＡＫＯＩソーラン祭り「感動枠」出場について

運動会には大勢の方に参観していただきありがとうございました。特に子どもたちが一生懸命練習してきたＹＯＳＡＫＯＩソーランでは、保護者の皆様からの大きな拍手をいただき、子どもたちはとても満足しております。

さて、六月に開催されます第〇回ＹＯＳＡＫＯＩソーラン祭りに出場することを学年として考えております。今回は、通常の出場枠ではなく、市内の小学校チームを対象にした「特別感動枠」という今年からはじまった枠で出場します。

出演時間が遅く各ご家庭に帰着するのが、日の入り間近となる予定です。担任一同、安全には十分配慮したいと考えております。保護者の皆様におかれましても、できる範囲でのご協力を願えればと思っております。

今回の参加は学校行事ではありません。保護者の皆様の了承を得た上での参加となります。お子さんの用事や都合が悪い場合には、もちろん不参加でけっこうです。

移動の交通手段としては、路線バス（貸し切り）と地下鉄を利用することを考えております。学校を〇時〇分ごろに出発しまして、帰りは学校周辺バス停に〇時〇分前後に到着の予定です。路線バスを貸し切る予定でいますので、保護者の方も乗車可能です。料金は通常のバス料金とかわりません。

児童・保護者の皆様の参加の有無につきましては、後日プリントを配布し、提出していただこうと思っています。不明な点がございましたら担任まで連絡下さい。よろしくお願いいたします。

第〇回ＹＯＳＡＫＯＩソーラン祭り「感動枠」

日時　〇月〇日（水）〇：〇出演予定

場所　札幌大通り公園八丁目会場

当日の予定　〇：〇六校時終了（基本的には帰宅せずに学校で諸準備）

〇：〇〜学校出発

〇：〇〜バス乗車（地下鉄に乗り換え大通り下車）

〇：〇〜出演

〇：〇〜地下鉄大通り駅乗車（麻生駅下車後バスに乗り換え）

〇：〇ころ　学校近くのバス停下車

よさこいソーランコピーページ
入場のシナリオ

勇ましい群読で度肝を抜く

山梨県中巨摩郡昭和町立西条小学校　根津盛吾

ＴＯＳＳ体育よさこいソーラン研究会の寺本聡氏の実践に「群読」がある。曲をかけて踊る前に、以下のようなシナリオで取り組んだ。私も運動会で三・四年生に追試した。中身の言葉は削ったり変更したりはしたが、子どもたちが勇ましく元気よく表現してくれたので、保護者にも好評だった。そのシナリオを紹介する。

1	ソロ（一人）	アンサンブル（数人）	コーラスA（多数）	コーラスB（多数）
2	はじまるぞー			
3		はじまるぞー		
4			はじまるぞー	
5			はじまるぞー	はじまるぞー
6	鳴子を手にして			
7		そろいのハッピで		
8			セイヤーセイヤー	
9			セイヤーセイヤー	セイヤーセイヤー
10	ぼくらの踊り			
11		西条ソーラン		
12			セイヤーセイヤー	
13			セイヤーセイヤー	セイヤーセイヤー
14	鳴らせ　鳴らせ			
15		鳴子を鳴らせ		
16			セイヤーセイヤー	
17			セイヤーセイヤー	セイヤーセイヤー
18	しっかり踊れ			
19		はげしく踊れ		
20			本気だ気合いだ	
21				飛び散る汗だ
22	泣き虫すっ飛べ			
23			泣き虫すっ飛べ	

24		いじめもすっ飛べ		
25				いじめもすっ飛べ
26	どっこいしょどっこいしょ			
27			どっこいしょどっこいしょ	
28		ソーランソーラン		
29				ソーランソーラン
30	本気だ！			
31	本気だ！	本気だ！		
32	本気だ！	本気だ！	本気だ！	
33	本気だ！	本気だ！	本気だ！	本気だ！
34	○　○	○　○	○　○	○　○
35	よさこいだー！	よさこいだー！	よさこいだー！	よさこいだー！

（注1）表は横に読んでいきます。番号順に進んでいきます。
（注2）同じ行に言葉が書いてある場合は、同時に読みます。
（注3）「○　○」はウンウンと二拍休むという意味です。

群読に入る前はどうするか。
和太鼓・ばち・大漁旗があれば、こんな演出ができる。

1　ドドーン（和太鼓をたたく）
2　ドドーン（和太鼓をたたく）赤組全員「どっこいしょ！」
　※　赤組の旗持ちは起立し旗を旋回。
3　ドドーン（和太鼓をたたく）白組全員「どっこいしょ！」
　※　白組の旗持ちは起立し旗を旋回。
4　ドドーン（和太鼓をたたく）全員で「どっこいしょ！」
　※　赤白旗持ち全員で旗を旋回。
5　4を繰り返す。
6　4を繰り返す。
7　ドドドドドドドド…（和太鼓を乱打）
　※　赤白の旗持ちは走って校庭中央へ進む。中央で輪を作り、旗だけ掲げて全員しゃがむ。（イラスト②）
8　ドドーン（和太鼓をたたく）赤白全員黙って起立。
9　群読へなだれこむ。

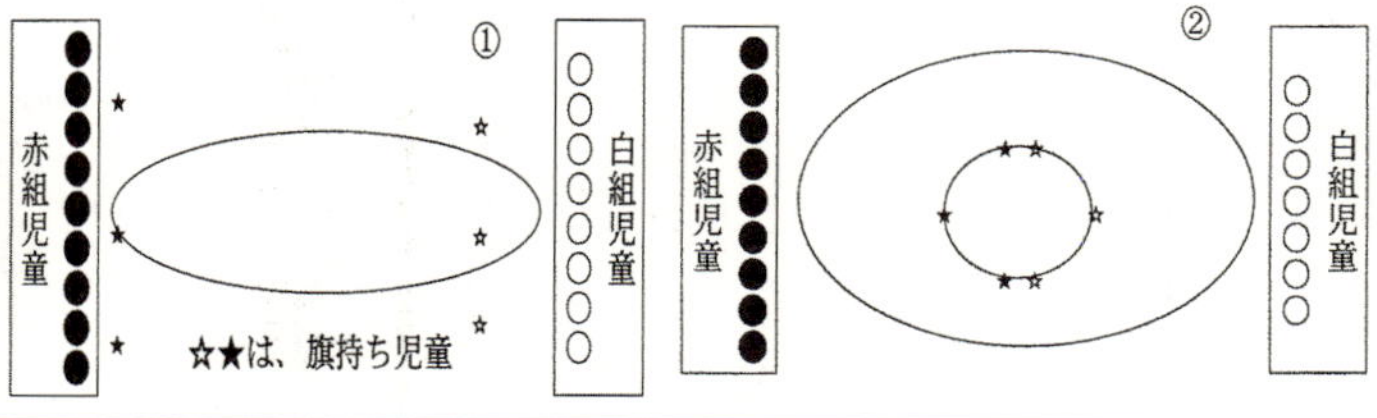

右は「子どもの心をわしづかみにするよさこいソーランの授業」明治図書p66割石隆浩氏の論文より引用した。このほかにもさまざまな方法がある。原典を参照されたい。

よさこいソーランコピーページ
よさこいソーラン放送原稿の要領

放送原稿は「簡潔・明瞭・印象的に」

千葉県公立小学校　森本雄一郎

ＹＯＳＡＫＯＩソーラン祭りを見学したときのことだ。

演技の前に「前口上」がある。バラエティーに富んでいて面白い。

「疾風怒濤」「烈火」など勢いのある言葉や華麗な言葉が並んでいた。

どのような演技なのかつい身を乗り出してしまう。今か今かとワクワクしてしまう。

前口上は、次の三つの特徴を持っていた。

①簡潔……短くわかりやすい。
②明瞭……主張がはっきりしている。
③印象的…印象的なエピソードや見どころが紹介されている。

これら三つを駆使して放送原稿に生かしたい。見方を変えるとこの逆はよくないということになる。ゴテゴテしている。とにかく長い。よってだれの気も引くことはなくなる。このようなことに陥らないようにしたい。

自分も少しは意識して原稿を書いてみたのが左記の内容である。


（入場）

一・二・三年生、五十一名によるよさこいソーランです。

かわいい一年生、パワー満点の二年生、やる気いっぱいの三年生が力を合わせて踊ります。運動会にむけて夢中になって練習してきました。

ポイントは、①目線をそろえること、②手足を伸ばすこと、③声を出すこと、④腰を落とすこと。「自分が一番美しく、かっこよく踊る」ことを目指してきました。低学年の本気の演技をどうぞお見逃しなく！

(1)　これまでの取り組みの様子を紹介する。
・「かわいい」「パワフル」など各学年の踊りの特徴を述べてみた。
(2)　練習で意識的に取り組んできたことを紹介する。
・「腰を落とす」「手足を伸ばす」など、こちらから伝えると観客に、踊りを見る視点を与えることができる。さらに興味深く踊りを見ることができるようになる。

・指導の当初より、他との競争・比較ではなく「自分が一番美しく、かっこよく踊る」ことを目指してきた。子どもたち一人ひとりの精いっぱいの演技に目を向けてもらうようにした。

（退場）
気迫とパワーあふれる素晴らしい演技でしたね。この勇姿をぜひ来年も見せてください。
会場の皆様、大きな拍手をお願いします。

よさこいソーランの演技の後、会場は感動に包まれている。この余韻を大切にしたい。退場のアナウンスは会場からの拍手を受ける中、さらりと行いたい。

左記は私の勤務校の放送原稿である。「種目別競技表（用具の配置・入退場の経路などを示したもの）」と一緒になっている。

運動会　種目別競技表　プログラムNo。１６

競技・演技場所（フィールド内・トラック）　~~レース数（　　）~~　個・団・その他（表現）

１２３年　種目名 YOSAKOIソーラン２００４'　責任者 森本

・スタート、ゴールと入退経路を記入してください。
（・入場 ――――　退場 - - - - - -）
スタートＳ・ゴールＧ
・配置する用具を図示してください。
・短距離走はスタート地点で招集します。

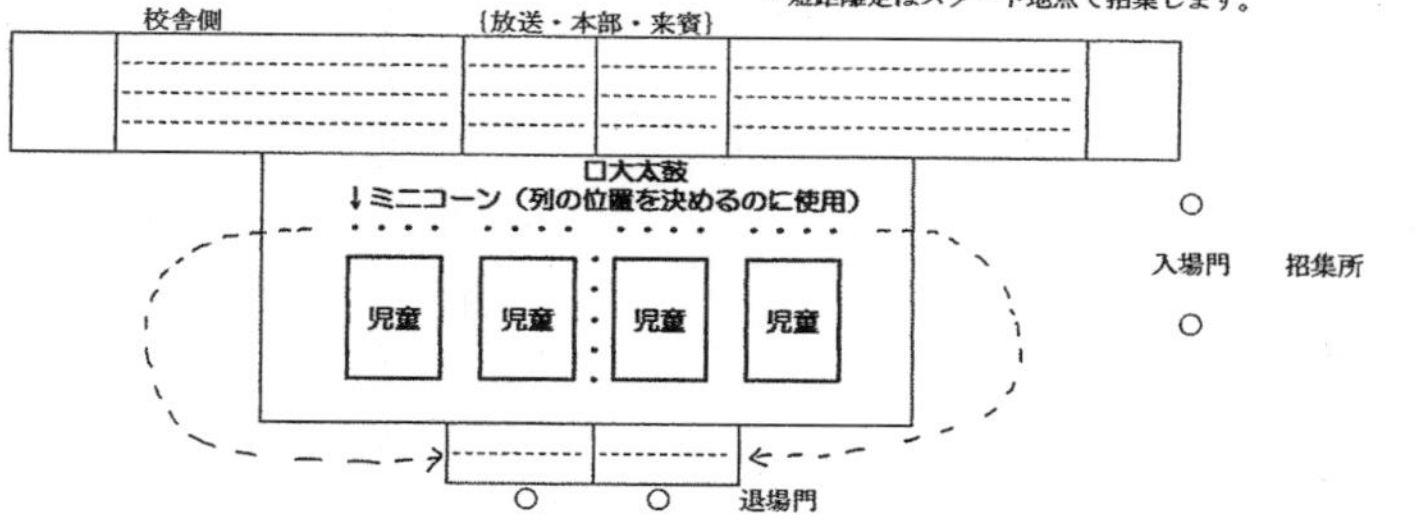

用具名	数量	用具名	数量
大太鼓	１		
小コーン 列の位置を決めるのに使用	１７		

※用具係が配置するものには○をつけてください。

放送原稿

	＜放送内容＞	＜ＢＧＭ＞
入場	１・２・３年生、５１名によるよさこいソーランです。 かわいい１年生、パワー満点の２年生、やる気いっぱいの３年生が力を合わせて踊ります。 運動会にむけて夢中になって練習してきました。 ポイントは①目線を揃えること。②手足を伸ばすこと。③声を出すこと。④腰を落とすこと。「自分が一番美しくかっこよく」踊ることを目指してきました。 低学年の本気の演技をどうぞお見逃しなく！	○○○ ↑この年は元気のいアニメのテーマソングを使用した
競技中		ＴＯＳＳ体育 よさこいソーラン
退場	気迫とパワーあふれる素晴らしい演技でしたね。この勇姿をぜひ来年も見せてください。 会場の皆様、大きな拍手をお願いします。	○○○ ↑この年は元気のいアニメのテーマソングを使用した

よさこいソーランコピーページ
YOSAKOIソーラン上達度チェック　～個人練習編～

名前＿＿＿＿＿＿＿＿＿＿＿＿

ポーズやおどりが上手にできたら，○をつけていきましょう。

◆前奏のおどり

はじめのポーズ	足をしっかり開いてポーズがとれる。	
手をあげる	天井に吸い付けられるように腕を伸ばせる。	
腰おとし	腰をしっかり落として，四股立ちのポーズがとれる。	
走ってしゃがむ	鳴子を素早く持ちかえられる。	
ハッ	お腹の底から大きな声が出せる。	
水かけのポーズ	腕を棒のように伸ばして，ひざをしっかり曲げられる。	
忍者のポーズ	足と手をしっかり伸ばしておどれる。 おへそを床に向けたポーズがとれる。	

前奏のおどりを通しておどれる。	

◆1番（2番・3番）のおどり

網引きのポーズ	ひざを90°に曲げ，腕を一直線に伸ばせる。	
波のおどり	手と足の動きを覚え，大きな動きでおどれる。	
魚投げのポーズ	ひざを90°に曲げるポーズができる。 ひじを曲げずに大きく回しておどれる。	
やっこさん	持ち上げた足のひざを，腰の高さまであげておどれる。 リズムに合わせておどれる。	
せんすのポーズ	指先を目で追いながら，かっこよくポーズがとれる。	
どっこいしょ	お腹の底から大きなかけ声が出せる。	

1番（2番・3番）のおどりを通しておどれる。	

◆間奏のおどり

網持ちのポーズ	肩の上で両手を止めることができる。	
ジェットコースター	ひじを曲げず，ひざを90°にしたポーズができる。	
波のポーズ	体全体を使っておどれる。 手をひざより下まで大きく回すことができる。	
ケンパのポーズ	ケンパのリズムに合わせて，足と手を合わせた動きができる。	
４列時間差	動きを覚えておどれる。	
磁石とバイバイ	おしりにかかとがつくぐらいに，足をけり上げておどれる。	

間奏のおどりを通しておどれる。	

◆エンディングのおどり

「網持ちのポーズ」ができる。	
「ジェットコースター」ができる。	
「２列時間差のおどり」ができる。	
「どっこいしょ」ができる。	

◇おどりのまとめ

腰をしっかり落として四股立ちができる。	
お腹の底から声を出すことができる。	
両方のひじ，ひざ，腰をしっかり伸ばしておどれる。	
おどりを覚えて，曲のはやさに合わせておどれる。	
曲のリズムに合わせておどれる。	

よさこいソーランコピーページ
YOSAKOIソーラン上達度チェック　～集団練習編～

名前＿＿＿＿＿＿＿＿＿＿＿　チーム名＿＿＿＿＿＿＿＿＿＿＿

ポーズやおどりが上手にできたら，○をつけていきましょう。
(◎かんぺき！！　○ほぼかんぺき！　△もう少し練習したい)

◆チームのみんながおどりをマスターできたかな !?

	◎	○	△
前奏のおどりをそろっておどれる。			
１番（２番・３番）のおどりをそろっておどれる。			
間奏のおどりをそろっておどれる。			
エンディングのおどりをそろっておどれる。			
最初から最後までそろっておどれる。			

◆忍者のおどりをマスターしよう !!

	◎	○	△
ラインの上で忍者のおどりがそろってできる。			
ラインがなくても忍者のおどりがそろってできる。			

◆時間差のおどり（４列時間差や２列時間差）をマスターしよう !!

	◎	○	△
①先生の合図に合わせてそろえられる。			
②みんなでカウントをとりながらおどれる。			
③音楽を聴きながらそろえられる。			

◇しっかりかけ声を出そう!!

	◎	○	△
お腹の底からかけ声を出すことができる。			
タイミングを合わせて，みんなのかけ声が一つになるように聞こえる。			

◇みんなのおどりをそろえよう!!

	◎	○	△
曲に合わせて，手や足の動きをそろえておどることができる。			
みんなの目線をそろえながらおどることができる。			

◇入場や退場，「かまえ」をかっこよく決めよう!!

	◎	○	△
すばやく入場できる。			
すばやく退場できる。			
最初の「かまえ」がそろってすばやくできる。			

◇鳴子を上手に使おう!!

	◎	○	△
鳴子の音をさせないで全員が「かまえ」ができる。			
入場や退場のとき，鳴子の音をさせないでできる。			

◇オリジナルのおどり作りに挑戦!!

	◎	○	△
カウントに合うおどりを作れた。			
大きな動きのかっこよいおどりが作れた。			
曲に合わせてそろっておどれた。			

よさこいソーランコピーページ
YOSAKOIソーラン
指導員検定フォーマット（案）

◆３級指導員検定

【検定内容】
○演舞実技（規定演舞）
５分×１種の踊り。どの踊りをするかは，あらかじめ受験者が選び申請する。
○模擬指導
課題曲の踊りを模擬指導する。

【検定評価項目（配点）】
○規定演舞
・踊りを覚えてスムーズな動きで踊れる（５）
・踊りのポイントを意識しながら踊れる（５）
○模擬指導（前奏部分を模擬指導する。）〔５分程度〕
・授業開始１分程度（10）
・明確な発問と指示（10）
・リズムとテンポ（10）
・あたたかな表情，対応（10）
・的確な目線（10）　◎60点満点中，40点で合格

【受験資格など】
○講習の開始日において満18歳以上。　※主に小中学生に指導することを想定。

◆２級指導員検定

【検定内容】
○演舞実技（自由演舞）
課題曲（５分）を事務局が選び，あらかじめ受験者に知らせておく。受験者は課題曲に対して踊りを作成し発表する。
○模擬指導
課題曲の踊りを模擬指導する。
○筆記（問題内容例）
・YOSAKOIソーランについての基礎的な知識
・踊りの指導法について
・３級指導員養成について　等

【検定評価項目（配点）】
○演舞実技
・踊りを覚えてスムーズな動きで踊れる（10）
・踊りのポイントを意識しながら踊れる（10）
・曲にあった自作の踊りを作成し発表できる（10）
○筆記（20点満点に換算）
○模擬指導

前奏 or 1番の部分を模擬指導する〔7分程度〕

・授業開始1分程度（10）
・明確な発問と指示（10）
・リズムとテンポ（10）
・あたたかな表情，対応（10）
・的確な目線（10）　◎100点満点中，70点で合格

【受験資格など】

○指導員3級の資格を取得している。（「3級指導員更新講習」を受講している。）
○学校や公民館，社会体育などの公的な場での指導の経験が3回以上ある。
○都道府県支部が実施する「指導者講習会」を3回以上受講している。
（各支部での講習が受けられない場合は，本部が主催する講習会への1回の参加でよいものとする。）
※3級の資格取得後，最低1年間必要であることを想定。

◆1級指導員検定

【検定内容】

○演舞実技（自由演舞）
受験者は踊りを作成し発表する。使用曲も，受験者が指定する。
○模擬指導
自分が選んだ曲・自作の踊りを模擬指導する。
○筆記（問題内容例）
・YOSAKOIソーランの今後の発展について
・大会運営についての基礎的な知識
・2級指導員養成について　等
○面接
※全国規模の大会において入賞経験のある者は，実技試験を免除されることがある。

【検定評価項目（配点）】

○演舞実技
・曲にあった自作の踊りを作成し発表できる（30）
○筆記（20点満点に換算）
○模擬指導
前奏 or 1番 or 間奏の部分を模擬指導する。〔10分間程度〕
・授業開始1分程度（10）
・明確な発問と指示（10）
・リズムとテンポ（10）
・あたたかな表情，対応（10）
・的確な目線（10）　◎100点満点中，80点で合格

【受験資格など】

○指導員2級の資格を取得している。
○YOSAKOIソーラン全国大会でスタッフまたは大会出場の経験が5回以上ある。
※2級の資格取得後，5年程度必要であることを想定。

◆備考

・原則として3級から受験し，とび級は認められない。

ＹＯＳＡＫＯＩソーラン指導員検定（案）

	受験資格	講習・検定実施事務局	実施時期	検定内容	検定の評価項目（配点）・認定基準	審査員	受験料	事前の講習	受講料	資格取得後の手続き・活躍の場
１級	○指導員２級の資格を取得している ○ YOSAKOI ソーラン全国大会でスタッフまたは大会出場の経験が５回以上ある ※２級の資格取得後，５年程度必要であることを想定	ＹＯＳＡＫＯＩソーラン本部	年１回	【演舞実技（自由演舞）】 受験者は踊りを作成し発表する 使用曲も，受験者が指定する 【模擬指導】 自分が選んだ曲・自作の踊りを模擬指導する 【筆記】 （問題内容例） ・YOSAKOI ソーランの今後の発展について ・大会運営についての基礎的な知識 ・２級指導員養成について　等 【面接】 ＊全国規模の大会において，入賞経験のある者は，実技試験を免除されることがある	【演舞実技】 ○曲にあった自作の踊りを作成し発表できる　(30) 【筆記】（20点満点に換算） 【模擬指導】 前奏 or １番 or 間奏の部分を模擬指導する〔10分間程度〕 授業開始１分程度　(10) 明確な発問と指示　(10) リズムとテンポ　(10) あたたかな表情，対応 (10) 的確な目線　(10) ・100点満点中，80点で合格	YOSAKOI ソーラン本部が任命する３名	4000円	【講義・演習】 ３日の講習（検定とは別日程） （内容例） ○ＹＯＳＡＫＯＩソーラン大会の企画・運営について ・リーダーシップ論 ・プロデューサー論 ・実行委員会の編成について ・大会審査について ・大会事務について ・財源について ・大会実施に係わる法令について ・ジュニア大会・ジュニアコンテストのあり方について　等 ○ YOSAKOI ソーランの指導法 ○２級及び３級指導員検定審査の仕方 ☆検定不合格の場合でも，３年間は有効で再受講の必要なし	6000円	・本部に申請（名簿に登録） ・２級及び３級指導員検定の審査員ができる ・本部の承認を受け，「YOSAKOI ソーラン」の名称を使用した大会・ジュニア大会を開催することができる ・YOSAKOI ソーラン全国大会・ジュニア大会の審査員ができる
２級	○指導員３級の資格を取得している （☆「３級指導員更新講習」を受講している） ○学校や公民館，社会体育などの公的な場での指導の経験が３回以上ある ○都道府県支部が実施する「指導者講習会」を３回以上受講している （☆各支部での講習が受けられない場合は，本部が主催する講習会への１回の参加でよいものとする） ※３級の資格取得後，最低１年間必要であることを想定	都道府県支部	支部ごとに年２回まで	【演舞実技（自由演舞）】 課題曲（５分）を事務局が選び，あらかじめ受験者に知らせておく 受験者は課題曲に対して踊りを作成し発表する 【模擬指導】 課題曲の踊りを模擬指導する 【筆記】 （問題内容例） ・YOSAKOI ソーランについての基礎的な知識 ・踊りの指導法について ・３級指導員養成について　等	【演舞実技】 ○踊りを覚えてスムーズな動きで踊れる　(10) ○踊りのポイントを意識しながら踊れる　(10) ○曲にあった自作の踊りを作成し発表できる　(10) 【筆記】（20点満点に換算） 【模擬指導】 前奏 or １番の部分を模擬指導する〔７分程度〕 授業開始１分程度　(10) 明確な発問と指示　(10) リズムとテンポ　(10) あたたかな表情，対応 (10) 的確な目線　(10) ・100点満点中，70点で合格	指導員１級以上の資格をもつ１名	3000円	【講義・演習】 １日の講習（検定とは別日程） （内容例） ○チームのプロデュースについて ・リーダーシップ論 ・チーム編成（運営） ・指導プラン作成のポイント ・振り付けのポイント　・曲の作り方 ・衣装作成のポイント （メイクアップについて） ・ジュニアのチームについて　等 ○ YOSAKOI ソーランの指導法 ○ YOSAKOI ソーランの基本的な知識 ○３級指導員検定審査の仕方 ☆事前に各支部実施の指導者講習会を３回受講する ☆検定不合格の場合でも，３年間は有効で再受講の必要なし	2000円	・都道府県支部に申請（名簿に登録） ・３級指導員検定の審査員ができる（指導者への指導ができる） ・各支部が実施する「指導者講習会」の講師ができる ・YOSAKOI ソーラン全国大会・ジュニア大会の出場チームの責任者になることができる
３級	○講習の開始日において満18歳以上 ※主に小中学生に指導することを想定	都道府県支部	支部ごとに年３回まで	【演舞実技（規定演舞）】 ５分×１種の踊り どの踊りをするかは，あらかじめ受験者が選び申請する 【模擬指導】 課題曲の踊りを模擬指導する	【規定演舞】 ○踊りを覚えてスムーズな動きで踊れる　(5) ○踊りのポイントを意識しながら踊れる　(5) 【模擬指導】 前奏部分を模擬指導する〔５分程度〕 授業開始１分程度　(10) 明確な発問と指示　(10) リズムとテンポ　(10) あたたかな表情，対応 (10) 的確な目線　(10) ・60点満点中，40点で合格	指導員２級以上の資格をもつ１名	2000円	【講義】 検定当日に講習 （内容例） ○ YOSAKOI ソーランの概要 ○ YOSAKOI ソーラン祭りの紹介　等 【実技】 （内容例） ○踊り方のポイントについて ○指導のポイントについて　等 ☆事前に指導シナリオを使っての練習が必要	1000円	・都道府県支部に申請（名簿に登録） ・YOSAKOI ソーラン初心者を対象に，１時間程度の指導ができる ☆３級指導員資格は，１年ごとの更新制とし，指導者講習会（年３回のうちの１回）を受講しなければ資格は失効する（試行期間内は，この限りではない）

・原則として３級から受験し，とび級は認められない。　・この規定には試行期間を設ける。（期間は約２年間）
・試行期間の検定は，それまでの受験者の実績（全国大会出場経験など）や指導経験にあった級から受験できるようにする。また，これまでの実績や指導経験によって，検定の一部または全部を免除されることがある。
・都道府県支部が実施する「指導者講習会」は，年３回開催する。
・２級・１級検定の不合格者は，次回からは検定料のみで受験できる。但し，受講終了後３年間は有効。
・講習費用は，半日を1000円として計算している。

教材用ソーランＤＶＤ＆ＣＤ紹介

お問い合わせ申し込み先
http://www.yosanet.com/yosakoi/

全国約1500の小中学校で取り入れられている「ＹＯＳＡＫＯＩソーラン」。その教材として広く使用されてきた「教材用ソーラン」が、さらにパワーアップして登場する！

第４弾となる今回のウリは、なんといっても豊富な映像を収録したＤＶＤが発売されること。15周年を記念し、初回からの軌跡を振り返る「ＹＯＳＡＫＯＩソーラン祭りの歴史～15年を振り返る～」や（株）コーセーのチーフメークアップアーティストによる「ＹＯＳＡＫＯＩメイクアップ教室」「ＳＡＭＵＲＡＩ－侍－」と名付けられた今回の教材用ソーランの振付、さらにはソーラン節や鳴子の由来など盛りだくさんの内容。まさにＹＯＳＡＫＯＩソーラン祭りのすべてがわかる完全保存版だ（6／7㊌発売）。

その名も「ＳＡＭＵＲＡＩ－侍－」ＹＯＳＡＫＯＩソーラン祭りのすべてがここに！

➡ＹＯＳＡＫＯＩソーラン祭り15周年記念版ＤＶＤ「ＳＡＭＵＲＡＩ－侍－」／￥3990

<収録内容>

・異文化のアンサンブルを生み出すＹＯＳＡＫＯＩソーラン
・ＹＯＳＡＫＯＩソーラン祭りの歴史～15年を振り返る～
・ＹＯＳＡＫＯＩメイクアップ教室～ワンポイントアドバイス　メイクで伝える祭りの心
・ＳＡＭＵＲＡＩ－侍－教材用ソーラン振付完全収録

※今回の振付は、プロの振付師ではなく現役の教師を中心とした「ＴＯＳＳよさこいソーラン研究会」の先生方。ＴＯＳＳとは、全国に約１万人の会員をもつ学校の先生のネットワーク

ワンコインＣＤ￥500

「ＳＡＭＵＲＡＩ－侍－」のＣＤ版も同時発売

➡教材用ソーランＣＤ

「ＳＡＭＵＲＡＩ－侍－」／￥500

<収録内容>

・ＳＡＭＵＲＡＩ－侍－教材用ソーラン
・ＳＡＭＵＲＡＩ－侍－教材用ソーラン(Instrumental)

30	近畿	三重	西村直樹	0598-74-0360	naokis@mtu.ne.jp
31	近畿	和歌山	畑屋好之	0737-32-3239	yuki@nnc.or.jp
32	近畿	奈良	梶野修次郎	0745-85-3030	shumasu@gold.ocn.ne.jp
33	近畿	滋賀	山口敏生	077-581-8069	yama28@mx.biwa.ne.jp
34	近畿	京都	山下敏彦	075-632-3002	gaoss@nifty.com
35	近畿	大阪	阪下誠	0724-43-5983	mandm123@crux.ocn.ne.jp
36	近畿	兵庫	西岡正樹	078-735-8257	yukichanpapa@nifty.com
37	中国	鳥取	谷岡眞史	0858-52-2609	tanioka@fsinet.or.jp
38	中国	島根	千原一弘	0854-54-1553	togiya@nita.ne.jp
39	中国	岡山	三宅孝明	086-455-6645	boss-t@mx9.tiki.ne.jp
40	中国	広島	高橋恒久	082-422-6122	HZF02401@nifty.ne.jp
41	中国	山口	三好保雄	0836-51-2118	miyoshi@mx51.tiki.ne.jp
42	四国	徳島	浜條信彦	088-631-1911	hamajoe@nmt.ne.jp
43	四国	香川	杉本友徳	0875-83-5989	tomogal@mx8.tiki.ne.jp
44	四国	愛媛	信藤明秀	0895-58-3921	akirika9952@ybb.ne.jp
45	四国	高知	尾﨑晴行	0888-42-3250	oharu@kcb-net.ne.jp
46	九州	福岡	八和田清秀	092-566-2136	k-yawata@msh.biglobe.ne.jp
47	九州	佐賀	波戸内勝彦	0955-79-4435	hatouti@vc1.people-i.ne.jp
48	九州	長崎	善能寺正美	0959-55-3888	m-zen@fsinet.or.jp
49	九州	熊本	東田昌樹	096-294-2361	higa@opal.plala.or.jp
50	九州	大分	末宗昭信	0978-33-0251	sue@sea.plala.or.jp
51	九州	宮崎	徳丸幸平	0986-22-4051	kouhei00@d8.dion.ne.jp
52	九州	鹿児島	石橋健一郎	099-266-2642	kkr@mint.ocn.ne.jp
53	九州	沖縄	佐久間大輔	098-929-3034	da139@mail.goo.ne.jp
54	研究会代表		根本正雄	043-421-0825	masao_n@d4.dion.ne.jp
55	研究会事務局		割石隆浩	011-775-0747	dns05718@aurora-net.or.jp
56	研究会事務局		高橋真	011-381-5227	makokun@d6.dion.ne.jp
57	研究会事務局		宮野正樹	011-643-7866	m_brunch@d1.dion.ne.jp
58	研究会事務局		戸村隆之	04-7164-6798	taka-t.oami@guitar.ocn.ne.jp
59	研究会事務局		森本雄一郎	0439-87-3090	yuitiro2005@jcom.home.ne.jp
60	研究会事務局		臼井俊男	0438-36-7757	1140028401@jcom.home.ne.jp

ＴＯＳＳ体育ＹＯＳＡＫＯＩソーラン学校づくり研究会事務局一覧

番号	地　　方	県	氏　　名	電話番号	メールアドレス
1	北　海　道	北海道	割石隆浩	011-775-0747	dns05718@aurora-net.or.jp
2	北　海　道	北海道	加藤悦雄	011-778-3199	byi04645@nifty.ne.jp
3	北　海　道	北海道	寺本　聡	0157-45-3180	teramoto@t-abashiri.com
4	北　海　道	北海道	小西亮人	01457-2-3258	ryoto-konishi@msd.biglobe.ne.jp
5	北　海　道	北海道	加藤真一	011-793-4326	katou-s@mtc.biglobe.ne.jp
6	北　海　道	北海道	西田幸二	011-664-3219	hf785@ybb.ne.jp
7	東　　北	青　森	黒瀧耕治	017-722-0227	kurotyan@d9.dion.ne.jp
8	東　　北	岩　手	曽根田達浩	019-692-4427	chansone@ag.wakwak.com
9	東　　北	秋　田	武田俊樹	0186-49-6156	tarosuke@agate.plala.or.jp
10	東　　北	宮　城	太田健二	022-773-2176	fwpb6758@mb.infoweb.ne.jp
11	東　　北	山　形	堀　健一	090-6220-9490	horiken@agate.plala.or.jp
12	東　　北	福　島	星野祐二	0243-48-2977	ANB19037@nifty.com
13	関　　東	茨　城	井上敬悟	090-2247-5778	goinouekei@yahoo.co.jp
14	関　　東	栃　木	山口浩彦	0282-24-7494	ZAT02336@nifty.ne.jp
15	関　　東	群　馬	小林　宏	0276-57-5457	CQW13261@nifty.ne.jp
16	関　　東	埼　玉	長谷川博之	0494-62-1406	hirobing@mx1.ttcn.ne.jp
17	関　　東	千　葉	森本雄一郎	0439-87-3090	yuitiro2005@jcom.home.ne.jp
18	関　　東	東　京	大谷貴子	042-585-4252	taka_tatta@ybb.ne.jp
19	関　　東	神奈川	村田　淳	045-364-0187	cav08080@pop21.odn.ne.jp
20	中　　部	新　潟	西田克裕	025-550-6436	h1224@ruby.ocn.ne.jp
21	中　　部	長　野	牛腸　要	0266-62-7302	kaname@bh.mbn.or.jp
22	中　　部	山　梨	根津盛吾	055-227-3993	BZA07657@nifty.ne.jp
23	中　　部	静　岡	前島康志	0537-48-4008	maeshima@za.tnc.ne.jp
24	中　　部	愛　知	佐藤貴子	0567-28-3916	cei49880@hkg.odn.ne.jp
25	中　　部	岐　阜	小井戸政宏	0575-23-6970	masahoda@abelia.ocn.ne.jp
26	中　　部	富　山	塩苅有紀	076-424-7199	shiokari@d1.dion.ne.jp
27	中　　部	富　山	表　克昌	0766-91-7234	DZC02405@nifty.ne.jp
28	中　　部	石　川	岩田史朗	076-241-2779	yukari@m2.spacelan.ne.jp
29	中　　部	福　井	辻岡義介	0778-51-5034	YIH00042@nifty.ne.jp

【執筆者紹介】
長谷川　岳（はせがわ　がく）
ＹＯＳＡＫＯＩソーラン祭り専務理事
■ＹＯＳＡＫＯＩソーラン祭り組織委員会住所
北海道札幌市中央区北１条西２丁目　北海道経済センタービル７Ｆ
■ＨＰアドレス　http://www.yosanet.com/yosakoi/

TOSS体育授業研究会代表
根本　正雄（ねもと　まさお）
■住所　千葉県四街道市千代田2-6-14
■ＨＰアドレス　http://www.chiba fjb.ac.jp/masao_n/

向山　洋一　＜ＴＯＳＳ代表＞
割石　隆浩　＜北海道札幌市立新琴似緑小学校＞
高橋　　真　＜ＴＯＳＳ体育よさこいソーラン研究会＞
渡辺　喜男　＜神奈川県横浜市立東戸塚小学校＞
宮野　正樹　＜北海道札幌市立幌南小学校＞
森本雄一郎　＜千葉県公立小学校＞
太田　健二　＜宮城県仙台市立燕沢小学校＞
山口　浩彦　＜栃木県藤岡町立赤麻小学校＞
佐久間大輔　＜沖縄県沖縄市立沖縄東中学校＞
加藤　真一　＜北海道札幌市立伏古北小学校＞
臼井　俊男　＜千葉県公立小学校＞
塩苅　有紀　＜富山県富山市立神通碧小学校＞
酒井　一好　＜埼玉県春日部市立春日部中学校＞
根津　盛吾　＜山梨県中巨摩郡昭和町立西条小学校＞
甲本　卓司　＜岡山県久米郡久米南町立弓削小学校＞
小野　隆行　＜岡山県岡山市立宇野小学校＞

【各県でよさこいソーラン執筆者】
加藤　悦雄　池田　　潤　堀　　健一　井坂　広輝
長谷川博之　桑原　和彦　松崎　　力　鮫島　秀己
西岡　正樹　谷岡　眞史　高橋　恒久　三宅　孝明
信藤　明秀　八和田清秀

YOSAKOIソーランの教え方・指導者用テキスト

2006年８月初版刊　©編著者　YOSAKOIソーラン祭り組織委員会
2013年６月９版刊　TOSS体育よさこいソーラン研究会
発行者　藤　原　久　雄
発行所　明治図書出版株式会社
http://www.meijitosho.co.jp
(企画)樋口雅子（校正)㈲白榻舎
〒114-0023　東京都北区滝野川7-46-1
振替00160-5-151318　電話03(5907)6701
ご注文窓口　電話03(5907)6668
＊検印省略　印刷所　藤　原　印　刷　株　式　会　社

Printed in Japan　ISBN4-18-767911-1